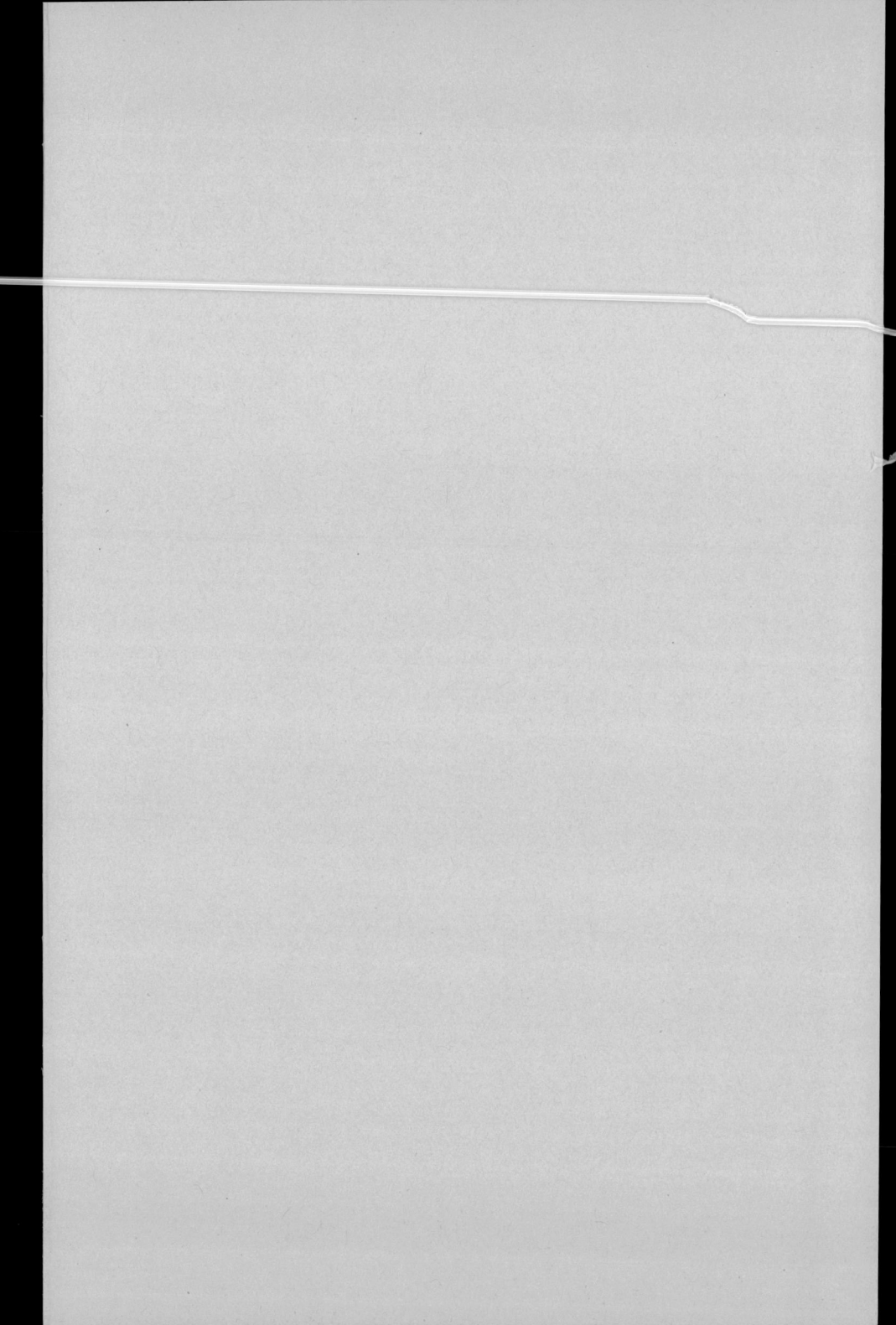

추천사

2020년 1학기 설교 실습 수업, 나름대로 최선을 다해 준비한 설교를 마치고 내려올 때 나는 머리를 망치로 한 대 얻어맞은 것 같았다. "전도사님, 방금 설교한 내용이 정말로 하나님께서 이 본문을 통해 말씀하고자 하시는 내용입니까?" 교수님의 질문에 부끄럽게도 확신 있게 대답하기가 어려웠기 때문이다. 질문은 계속되었다. "이 본문에서만 발견할 수 있는 독특한 점이 무엇인가요?" "그런 특성을 어떻게 발견할 수 있을까요?" 질문을 받을 때마다 머리가 하얘지고 수명이 줄어드는 것만 같았다. 어떤 강의 시간도 이 정도로 당황스럽지는 않았다. 대답을 못하고 있자 교수님이 답을 알려주셨다. "본문이 말하는 논지를 좋은 주석을 통해 정확하게 파악하는 것이 기본입니다." "해당 본문의 독특성을 알지 못하면, 어떤 본문을 가져와도 비슷한 설교를 반복할 수밖에 없습니다." "본문만의 특성을 파악하려면 반복되는 단어나 문장에 주목해보세요."

얼핏 들으면 너무나 초보적인 내용이다. 그러나 그 기본기를 갖추지 못해 설교가 부실해지는 것이다. 모든 분야의 전문가들이 기본기의 중요성을 강조하고, 기본기를 어떻게 다지는지 가르쳐주지 않는가? 설교도 마찬가지다. 설교 실습 시간은 설교의 기본기를 배우는 동시에 구체적으로 훈련해가는 과정이었다.

설교의 기본기를 배운 후로는 외우다시피 했다. 설교문을 요약하고 명료한 축약문으로 만들어 논지를 분명하게 했다. 서론에서는 이 설교를 들어야 하는 이유를 구체적으로 제시하고자 노력했다. 본론에서는 본문의 독특함과 강조점이 무엇인지 집중적으로 연구했다. 물론 쉽지 않았다. 본문의 의미를 명확하게 깨달을 때까지 간절히 기도하며 본문과 씨름했고, 본문의 의미를 깨달은 후에는 단순명료하게 설교하기 위해 최선을 다했다. 예시는 논지와 관련 있는 내용으로 선별했다. 무엇보다 설교 내용을 나 자신에게 먼저 적용하려고 애썼다. 이렇게 설교문을 작성하고 나서도 다듬고 또 다듬었다.

그리고 두 번째 설교 실습 시간이 찾아왔다. 과연 어떤 평가를 받았을까? "흠잡을 게 없습니다. 완벽합니다." 놀랍게도 교수님은 100점이라는 상징적인 점수와 함께 진심을 담아 칭찬해주셨다. 그 어떤 칭찬을 들을 때보다 기분이 좋았다. 최선을 다해 기본기를 연습한 노력이 헛되지 않았다. 짧은 시간이었지만 덕분에 설교 실력이 늘었다.

나에게 지대한 도움이 되었던 설교의 기본기를 정리한 책이 출간되어 참으로 반갑고 기쁘다. 이 책에 소개된 기본기들은 설교를 처음 배우는 초보 설교자들에게 보물 같은 자료가 될 것이다. 다시 한 번 설교의 기본기를 다잡고 싶은 모든 설교자에게도 큰 도움이 될 것이다. 또한 좋은 설교가 무엇인지 분별할 수 있도록 돕기 때문에 말씀 사역자가 아닌 성도들에게도 유용하다. 실제로 내 아내는 나와 함께 온라인으로 설교 실습 수업을 들으면서 좋은 설교가 무엇인지 배울 수 있었고, 덕분에 좋은 설교를 들을 때 더욱 큰 기쁨을 누리고 있다. 이 책의 제목처럼 '설교는 생각보다 쉽게 늘지 않는다.' 하지만 분명한 건 기본기를 바르게 배우고 꾸준히 연습하면 '반드시' 는다는 것이다. 내가 그 증인이다. 이 책을 진지하게 읽고 그대로 연습하는 다른 이들도 동일한 경험을 하게 될 것이다. 이 책이 설교를 더 잘하고 싶은 모든 이들에게 최고의 선물이 되리라고 확신한다.

권오성 강도사(대구 명덕교회)

설교는 생각보다 쉽게 늘지 않는다

설교는
생각보다 쉽게 늘지 않는다

초보 설교자를 위한 설교 실습

이성호

좋은씨앗

목 차

들어가는 글: 초보 설교자를 위한 안내서   009

1_ 들리는 설교를 하라   013
2_ 설교의 기본: 대교리문답에 따른 자리매김   029
3_ 본문 정하기: 설교 준비의 시작   043
4_ 본문 읽기   053
5_ 논지 찾기   071
6_ 설교 서론 작성하기   083
7_ 본론 만들어 가기   105
8_ 예시와 예화의 역할   141
9_ 어떻게 적용할 것인가?   157
10_ 설교 제목 정하기   179
11_ 작은 교회와 설교   189
12_ 자주 하는 질문들   199

특강: 청빙 설교, 어떻게 할 것인가?   223

| 들어가는 글 | # 초보 설교자를 위한 안내서 |

나는 설교학을 전공한 사람이 아니다. 설교에 대해 학문적으로 고민하는 사람이라면 제대로 형식을 갖추고 서술한 설교 연구서를 읽어야 할 것이다. 사실 전공자도 아닌데 이런 책을 쓰기가 부담스러운 면이 없지 않았다. 하지만 나는 신학교에서 학생들을 가르치기 전에 작은 교회(광교장로교회)를 개척하고 이후로 10년 넘게 매주 설교를 해왔다. 이것이 설교에 대해 고민하는 계기가 되었고, 최근 5년 동안에는 '설교 실습' 과목을 맡아 학생들에게 설교를 가르치기도 했다. 수업을 하면서 설교에 대한 중요한 사실을 발견할 때마다 정리하여 이렇게 출간까지 하게 되었다. 이 책은 설교에 대한 목회

와 신학의 적용이자 결과라고 할 수 있다.

설교 실습 과목을 처음 맡았을 때를 기억한다. 학생들에게 최대한 많은 것을 가르쳐주려는 의욕으로 가득 찼다. 하지만 첫 수업을 마치자마자 이런 의욕이 별 소용없음이 드러났다. 학생들의 설교 실력은 생각보다 쉽게 늘지 않았다. 그 다음 학기부터는 가르치는 분량을 상당히 줄였다. 지금은 많은 것을 가르치기보다 한 가지라도 제대로 가르치고자 노력하고 있다. 그조차도 쉽지는 않다. 설교 습관은 가르친다고 해서 바로 바뀌지 않기 때문이다.

설교의 테크닉은 상대적으로 쉽게 가르칠 수 있다. 마이크나 제스처 사용법은 조금만 익히면 금세 개선될 수 있다. 문제는 설교의 기본이다. 설교를 준비하기 위해서는 성경 본문을 선택하여 읽고, 적절한 질문을 던지고, 관련 자료를 찾고 해석하고 적용하며 구조를 만들어야 한다. 이런 일들은 단지 설명만 들어서는 익힐 수 없다. 실제로 해보면서 부지런히 연습하는 수밖에 없다. 수영에 관한 교재를 많이 읽는다고 해서 수영이 늘지 않는 것과 같은 이치다.

설교의 기본에 대해서는 설교학 시간에 이론적으로 다 배운다. 문제는 이론으로 배운 것들이 실천으로 이어지지 않는다는 것이다. 그래서 설교 실습이 필요하다. 그러나 아쉽게도 이론과 실천이 분리되어 있다. 거의 모든 설교학 교과서는 설교의 적용을 설명할 때, 성경 본문을 설교자 자신에게 먼저 적용해야 한다고 강조할 것이다. 하지만 실제로 설교 실습을 가르쳐보면 그렇게 하는 학생이 거의 없다. 그렇게 해야 한다는 의식조차 없는 경우가 많다. 설교 실습이 설교학과 분리된 상황이 개선되지 않는 한 이런 현상은 지속될 것이다.

학생들을 가르치면서 설교학과 설교 실습이 서로 일치되어야 할 필요성을 강하게 느꼈다. 설교학이 기본이라면 설교 실습은 적용이다. 설교가 쉽게 늘지 않는 이유는 설교의 기본이 탄탄하지 않기 때문이다. 그러니 좋은 적용을 기대하기도 어렵다. 특히 기본 중 하나인 성경 읽기가 제대로 이루어지지 않으면 말재주는 늘지 몰라도 설교 실력은 늘지 않는다. 설교학에서 가르치는 기본을 설교 실습에서 강화해야 잘된 설교문을 작성하고 강단에서 힘있게 전달할 수 있을 것이다.

『설교는 생각보다 쉽게 늘지 않는다』는 설교를 처음 해야 하는 신학생을 위한 책이다. 설교학에 관한 너무 많은 내용은 초보자에게 오히려 장애물이 된다는 사실을 경험으로 확인했다. 당장 돌아오는 주일에 설교해야 하는 학생들에게 성경 원어, 석의 단계, 교리적 변증 같은 과정은 별 도움이 되지 않는다. 사실 아직 준비되어 있지 않은 사람에게 설교를 맡기는 것 자체가 문제이기는 하다. 이런 현실은 하루 속히 개선되어야 한다. 하지만 한국 교회의 어쩔 수 없는 현실을 완전히 부정할 수도 없다. 올바르게 개혁되기 전까지 초보 설교자를 위한 안내서가 필요하다고 본다. 설교의 기본을 정리하고 계속해서 신실하게 설교를 준비한다면 어느새 스스로 발전해 있는 자신을 보게 될 것이다. 고민하는 초보 설교자들에게 이 책이 작지만 힘이 되는 선물이 되기를 소망한다.

1 들리는 설교를 하라

말씀을 조명해 그 뜻을 온전히 깨닫고 믿음으로 받아들이게 하는 것은 궁극적으로 성령 하나님께서 하시는 일이다. 그렇다고 설교의 모든 책임을 하나님께 돌리는 것은 적절치 않다. 내용을 잘 설명해 청중의 이해를 돕는 것은 오롯이 설교자의 책임이다.

설교는 말이다

성경이 기록된 하나님의 말씀이라면 설교는 들리는 하나님의 말씀이다. 설교는 청중에게 말로 들려야 한다. 설교의 기본 중 기본은 '들려야 한다'는 것이다. 들리지 않는 설교는 아무리 내용이 좋아도 설교로서 존재 가치를 상실한다. 의외로 많은 성도들이 "우리 목사님 설교는 도대체 무슨 소리를 하는지 못 알아듣겠다"는 말을 자주 한다. 경청하지 않는 청중도 문제가 있지만 효과 있게 전달하려고 노력하지 않는 설교자도 문제가 있다. 적지 않은 설교자들이 자신의 설교를 이해하지 못하는 청중을 이해하지 못하고 "이렇게 쉽게 이야기해도 못 알아들으면 어떻게 설교를 하란 말인가?"라고 항변하기도 한다.

설교가 말이라면 설교자는 말을 잘해야 한다. 말을 많이 하는 말쟁이가 되어야 한다는 의미가 아니다. 번지르르한 말은 오히려 신뢰감을 떨어뜨릴 뿐이다. 차라리 어눌해도 진실된 말이 힘이 있고 설득력을 갖는다. 하지만 말로 청중을 이해시키고 설득하기란 보통 어려운 일이 아니다. 그러자면 은사가 있어야 할 뿐만 아니라 상당한 훈련이 필요하다는 것을 우리는 경험으로 안다. 궁극적으로 설교의 효력이 나타나기 위해서는 하나님의 능력과 도움이 있어야 한다. 이사야 선지자는 "주 여호와께서 학자들의 혀를 내게 주사 나로 곤고한 자를 말로 어떻게 도와줄 줄을 알게 하시고 아침마다 깨우치시되 나의 귀를 깨우치사 학자들같이 알아듣게 하시도다"(사 50:4)라며 하나님을 찬양했다.

말씀을 조명하여 그 뜻을 온전히 깨닫고 믿음으로 받아들이게 하는 것은 궁극적으로 성령 하나님께서 하시는 일이다. 그렇다고 설교의 모든 책임을 하나님께 돌리는 것은 적절치 않다. 내용 자체를 잘 설명해 청중의 이해를 돕는 것은 오롯이 설교자의 책임이다. 따라서 설교자는 자신의 말을 청중이 정확히 이해했는지 늘 점검

하고 전달 과정에서 부족한 점은 무엇인지 성찰해야 한다.

올챙이 시절 생각하기

설교 준비를 잘 했는데도 청중이 '설교가 안 들린다'고 말하는 이유는 설교자가 청중의 상태를 이해하지 못한 데 있다. 특히 잘 알려지지 않은 본문으로 설교할 때 청중이 따라오지 못하는 경우가 종종 있다. 설교자는 설교 준비를 하는 동안 본문에 익숙해진다. 본문은 물론이고 본문의 앞뒤 문맥까지 완전히 소화하게 된다. 문제는 그 과정에서 청중도 그 내용을 잘 알 거라고 착각하기 쉽다는 것이다. 하지만 청중 중에는 그 본문을 처음 접하는 이들이 많다고 생각해야 한다. 생소한 용어만 봐서는 지명인지 인명인지 구분하지 못하는 이들도 있을 것이다. 설교에서 몇 가지 핵심 단어나 개념을 모르면 전체 내용을 아예 이해하지 못하게 되는 경우도 많다.

내가 잘 알고 있다고 해서 남을 잘 이해시킬 수 있는 것은 아니다. 설교자는 항상 청중이 본문을 처음 접한다는 생각을 놓쳐서는 안 된다. 아주 신실한 성도는 예배 전에 미리 설교 본문을 읽으면서 묵상도 하겠지만, 그런 성도는 많지 않을뿐더러 그런다고 설교를 더 이해하게 되는 것도 아니다. 따라서 설교자는 자신이 잘 알고 있는 본문을 처음 듣는 성도들에게 어떻게 전달할지 고민해야 한다. 자신이 그 본문을 처음 접했을 때 어떠했는지 떠올리는 것도 좋은 방법이다. 자신의 올챙이 시절을 생각하면 설교할 때 무엇부터 어떻게 설명해야 할지 단서를 얻을 수 있다.

설교자는 본론에 들어가기 전에 청중이 미리 알아야 할 기본 사항들을 설명할 필요가 있다. 어려운 개념이나 중요한 단어를 미리 설명하는 것을 대표적인 예로 들 수 있다. '견인'(牽引, perseverance), '구속'(救贖, redemption) 같은 단어의 경우, 설교자는 성도라면 이 정도는 다 알고 있을 거라고 생각하지만 현실은 그렇지 않다. '구속'에 대한 사전 설명 없이 설교를 하면 청중 가운데 상당수가 그 설교를 알아듣지 못하게 될 것이다.

쉽게 설교하면 해결될까?

"설교를 못 알아듣겠다"고 하니 무조건 쉽게 설교하면 문제 없을 것이라고 생각할 수 있다. 그래서 손쉬운 방법으로 재미있거나 쉬운 예화를 든다. 감동적인 예화를 들려주었을 때 성도들이 뜨거운 반응을 보이면, 설교자는 자신이 설교를 잘하고 있다는 착각을 하기가 쉽다. 예화 자체는 이해하는 데 아무런 문제가 없지만, 그 내용이 본문이나 설교의 중심 메시지와 연결되지 않으면 여전히 '설교가 안 들린다'는 불평이 나올 것이다. 쉬운 내용을 나열한다고 해서 잘 들리는 설교가 되는 것은 아니다.

잘 들리는 설교는 내용이 쉽다기보다 설교자가 말하고자 하는 바가 선명하게 드러나는 설교다. '말하고자 하는 바'를 논지(論旨)라고 한다. 논지가 없거나 여러 개면 아무리 쉬운 설교라 해도 잘 들리지 않게 된다. 논지가 간단하고 본문에 충실하며 신자의 삶과 밀접하고 참신할수록 그 설교는 잘 들리는 설교가 된다. 설교자는 말하고자 하는 바를 짧은 한 문장으로 요약할 수 있어야 하며, 설교문의 모든 내용은 이렇게 만든 논지를 강화하는 데 적절히 사용되어야 한다.

논지를 선명하게 만드는 가장 좋은 방법은 요약이다. 여섯 장짜리 설교문을 두 장으로, 두 장짜리 요약문을 반 장으로 줄이는 연습을 하면 논지를 선명하게 하는 데 큰 도움이 된다. 설교 내용을 한 문단으로 요약한 것을 축약문이라고 하고, 한 문장으로 요약한 것을 논지라고 한다. 거꾸로 그 논지를 풀어낸 것이 설교인 셈이다. 설교문을 보지 않고 대여섯 문장으로 요약해서 말할 수 있다면, 적어도 그 설교는 들리는 설교의 기본 요건을 충족했다고 볼 수 있다.

설교문을 작성한 다음 다음과 같이 기본적인 질문을 해보라.

> **설교문 작성 후 기본적인 질문**
>
> - 이 설교의 핵심은 무엇인가?
> - 이 설교는 무엇에 대한 내용인가?
> - 이 설교에서 가장 중요한 단어는 무엇인가?

이 질문들에 자신 있게 대답할 수 있다면 적어도 그 설교는 들리는 설교가 될 가능성이 많다. 반면에 설교자 자신조차 머뭇거리며 대답하지 못한다면 청중이 어떻게 그 설교를 알아들을 수 있겠는가? 가끔 설교문을 가족이나 지인에게 읽게 한 후 핵심이 무엇인지 물어보라. 들리는 설교라면 답이 쉽게 나올 것이다.

정보가 많으면 들리지 않는다

내용이 쉬워도 들리지 않는 대표적인 설교가 전달하려는 정보가 많은 설교다. 더욱이 생소하거나 추상적인 개념이 많을수록 설교는 들리지 않는다. 영상이 발달한 현대 사회에서 성도들은 듣는 행위를 통해 받아들이는 정보의 양이 이전보다 훨씬 줄어들었다. 참고로 청교도 시대에는 설교 시간이 서너 시간에 이르기도 했지만, 이런 관행은 오늘날 불가능할 뿐만 아니라 바람직하지도 않다.

설교가 안 들린다고 하니 설명을 많이 하면 문제가 해결될 것이라고 생각하는 설교자가 있다. 그러나 설교 중에 설명을 많이 하면 특정한 단어나 개념은 이해될지 몰라도 설교 전체의 내용은 더욱 들리지 않게 된다. 예를 들어 구약 본문을 설교할 때 '바벨론'이라는 단어가 나왔다고 가정해보자. 바벨론이 무엇을 의미하는지 전혀 모르는 성도가 있을 수 있다. 그렇다고 제한된 설교 시간에 바벨론에 대해 장황하게 설명하는 것은 적절치 않다. 설교자는 어느 정도까지 설명할지 고민해야 한다. 바벨론이 본문에서 별로 중요하지 않다면 '이스라엘을 멸망시킨 대제국' 정도로 간단히 설명하고 본문의 핵심으로 넘어가야 한다. 하지만 바벨론이 본문에서 아주 중요한 위치에 있다면 보다 더 상세히 설명할 필요가 있다. 특히 바벨론이 갖는 신학적 의미를 잘 설명해야 할 것이다.

설명해야 할 정보가 많을 때는 어떻게 해야 할까? 예수님의 족보를 예로 들어보자. 수많은 인물이 등장하는 이 족보는 사실상 이스라엘 역사의 요약이라고 할 수 있다. 족보의 인물을 순서대로 한 명씩 상세히 설명하면 그 설교는 잘 들릴까? 그러면 청중은 각 인물들에 대해 알게 되고 교훈도 얻게 될 것이다. 하지만 설명이 거기서 끝난다면 청중은 설교자가 도대체 무슨 이야기를 하려고 족보를 언급했는지 알 길이 없다. 설명해야 할 정보가 많을 때는 중요한 것과 주변적인 것을 명확히 구분하여 중요한 정보만 강조하고 나머지는 간단히 처리해야 한다. 그 기준은 본문의 논지다.

마태복음의 기록 목적이 예수님이 누구인지 알리는 데 있음을 염두에 두고, 설교하기 전에 다음과 같이 확실하게 정리해보자.

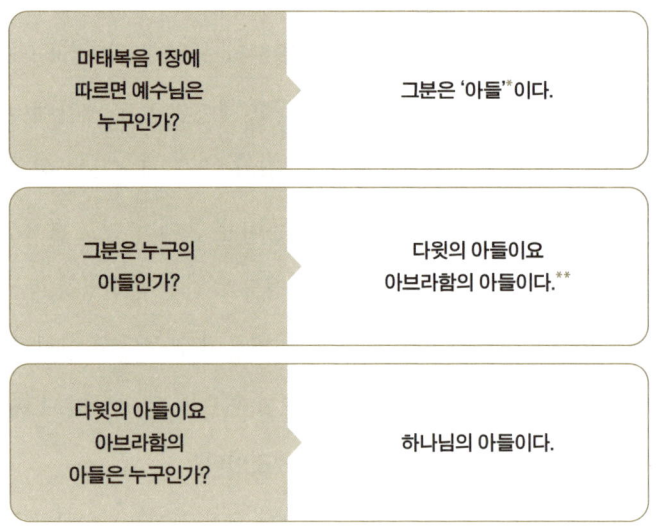

* 한글 성경에는 '아들'이 '자손'으로 번역되어 있다.
** 한글 성경에는 아브라함이 먼저 나온다.

예수님의 족보는 예수님이 정말 다윗의 아들이요 아브라함의 아들임을 사실적으로 증명하고 있다. 이 아들이 바로 하나님의 아들이라는 것이 마태복음의 핵심 논지다. 이러한 이해 없이 족보만 상세히 설명한다면 청중은 족보가 전하는 중심 메시지를 놓치고 말 것이다.

계속 흘러만 가는 설교

'말하고자 하는 바'가 선명하지 않은 설교, 즉 논지가 불분명한 설교는 정처 없이 흘러간다. 이런 경우 시간이 지날수록 설교는 점점 들리지 않게 된다. 물론 설교 자체는 말이기 때문에 흘러갈 수밖에 없다. 이것이 말과 글의 중요한 차이점이다. 설교문은 이해되지 않으면 다시 앞으로 가서 읽으면 되지만, 설교는 듣는 순간에 이해하지 못하면 그냥 흘러가버리고 만다. 청중이 모든 내용을 다 이해하고 듣는 것은 아니다. 하지만 중심의 흐름을 놓친다면 설교 전체를 이해할 수 없게 된다. 특히 짜임새가 떨어지는 설교일수록 그럴 위험이 크다.

설교는 대화와 달리 일방적으로 선포하는 성격을 지닌다. 설교를 듣다가 이해되지 않는다고 해서 손들고 질문을 할 수도 없다(아주 현대적인 교회에서는 문답식으로 설교를 하기도 한다). 따라서 설교가 일방적으로 흘러갈 가능성이 매우 높다. 설교자는 이런 점을 염두에 두고 설교의 구도를 짜야 한다. 구도가 없다면 설교는 방향을 잃기 쉽고 청중 또한 이리저리 헤매게 될 것이다.

설교가 무의미하게 흘러가지 않으려면 설교자는 설교의 목적지를 정확히 인식하고 있어야 한다. 또한 설교를 하는 중간 중간에 청중이 자신을 잘 따라오고 있는지 확인할 필요가 있다. 들리지 않고 흘러가기만 하는 설교를 하는 목사를 보면 대부분이 청중을 고려하지 않고 자기가 하고 싶은 말만 쏟아낸다. 청중이 듣고 있든지 말든지 관심이 없다. 심지어 자신이 무엇을 위해 설교하는지도 모른다. 결국 눈먼 사람이 눈먼 사람을 인도하는 셈이 되고 만다(눅 6:39).

청중을 인도하기 위해 설교자는 설교의 구도를 잘 짜고, 구도를 돋보이게 하는 여러 도구도 사용할 필요가 있다. '하나님의 사랑'이라는 제목으로 설교를 한다고 가정해보자. 가장 쉬운 구도 중 하나는 사랑의 원인, 사랑의 본질, 사랑의 결과라는 3대지로 설교를 구성하는 것이다. 서두에서 설교의 방향을 미리 3대지로 명확히 제시하면 청중은 적어도 설교의 큰 흐름은 놓치지 않을 것이다. 3대지를 논리적으로 구성하기가 어려우면 그냥 본문을 따라 차례대로 설명할 수도 있다. 적어도 청중은 설교가 본문을 따라 진행되고 있음을

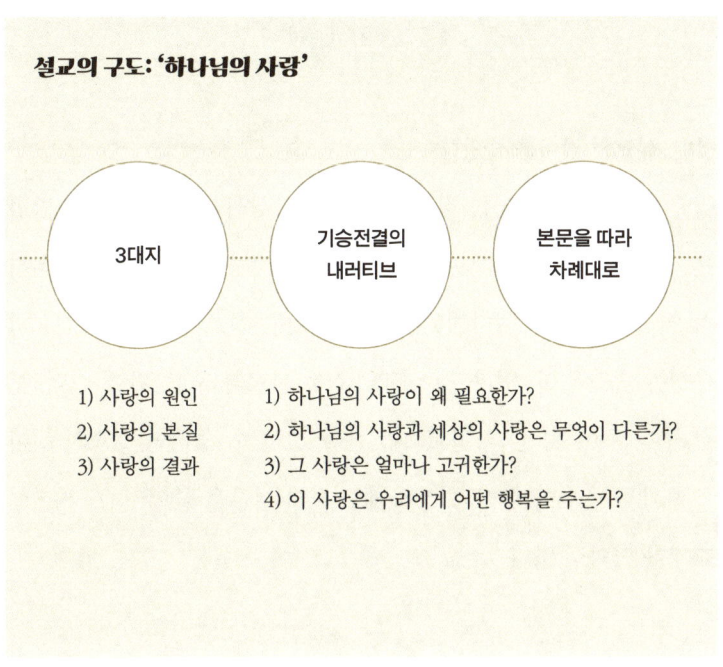

알 수 있다. 조금 어렵지만 다음과 같이 기승전결의 내러티브 형식을 사용할 수도 있다.

1) 하나님의 사랑이 왜 필요한가?
2) 하나님의 사랑과 세상의 사랑은 무엇이 다른가?
3) 그 사랑은 얼마나 고귀한가?
4) 이 사랑은 우리에게 어떤 행복을 주는가?

들리는 설교가 되려면

첫째, 설교의 길이를 줄인다.

청중이 잘 못 알아듣는 경우에 설교를 향상시키는 가장 쉬운 방법은 설교를 짧게 하는 것이다. 설교가 길어질수록 논지를 파악하기가 어려울 수밖에 없다. 15분 설교와 30분 설교와 한 시간 설교의 구성이 똑같을 수 없다. 긴 설교일수록 설교의 구도, 단어 선택, 문장 구성 등이 훨씬 더 정교해야 한다. 그럴 수 없다면 설교의 길이를 최대한 줄여야 한다. 이상하게도 설교 시간을 줄이지 못하는 설교자가 의외로 많다.

둘째, 설교문을 최대한 다듬는다.

설교문은 일반적으로 많이 다듬을수록 좋다. 한 문장의 길이가 길수록 말로 전할 때 들리지 않게 되므로 최대한 단문으로 다듬어야 한다. 그러자면 설교문을 주중에 빨리 완성해놓는 습관을 들여야 한다. 목요일에 초고를 완성한 후 시시때때로 묵상하면서 보다 나은 생각이나 표현으로 윤문하는 것이 좋다. 이때 반드시 소리 내어 읽기를 권한다. 눈으로는 잘 읽히는데 실제로 소리 내어 읽으면 잘 읽히지 않는 경우가 많다. 특히 문장이 길 때 그러하다. 소리 내어 읽다가 조금이라도 막히는 데가 나오면 입말체로 매끄럽게 나올 때까지 문장을 다듬어야 한다. 말을 잘 하지 못하는 사람일수록 이 과정은 필요하다. 설교가 말이라는 사실을 기억하라.

셋째, 설교문을 다른 사람에게 읽어 보게 한다.
설교문을 완성한 다음 지인들에게 읽어 보게 하는 것도 설교문을 향상시키는 좋은 방법이다. 다른 사람이 읽고 나서 이해하지 못하는 문장이 있다면 무조건 더 쉽게 고쳐야 한다. 설교자는 설교문 전체를 숙지하고 있기에 아마도 그 문장에서 아무런 문제를 느끼지 못할 수 있다. 하지만 그 문장을 처음 접하는 사람은 고개를 갸우뚱할 수 있음을 염두에 두어야 한다.

넷째, 기본적인 말의 기술을 활용한다.
말은 글과 달라서 한번 놓치면 다시 들을 수 없다. 따라서 전달력을 높이기 위해 요약하고 반복하며 말에 강약, 고저, 속도 등의 변화를 줄 필요가 있다.

   1) 요약: 한 단락을 끝낼 때마다 앞에서 길게 설명한 것을 한두 개의 핵심 문장으로 요약하면, 청중이 이어지는 설교를 이해하는 데 도움이 된다. 예를 들면 이렇다. "지금까지 우리는 본문을 통해 아브라함이 어떤 복을 받았는지 구체적으로 알아보았습니다. 이제 아브라함이 그 복으로 어떻게 살아갔는지 살펴보겠습니다."

2) 반복: 어렵거나 중요하거나 생소한 개념은 한 번 들어서는 이해하기 힘들므로 반복할 필요가 있다. 예를 들면 이렇다. "다시 한 번 강조합니다. 봉헌은 단지 교회를 유지하기 위한 회비가 아니라 복음을 실천하는 일입니다." 성도들에게 말을 따라하게 하는 것도 하나의 방법이다.

3) 말의 강약, 고저, 속도 변화: 말은 글과 달리 시각적으로나 청각적으로 다양한 변화를 주어 주의를 환기시킬 수 있다. 설교문을 일정한 톤으로 주루룩 읽기만 한다면 굳이 강단에서 설교할 필요가 없을 것이다. 설교문은 설교와 다르다. 필요에 따라 말에 강약, 고저, 속도의 변화를 주면 성도들이 훨씬 더 설교에 집중하고 쉽게 받아들일 것이다. 설교 내내 크게 소리치거나 말을 빨리 한다면 청중이 설교를 이해하는 데 방해가 된다. 쉬운 내용은 빨리 넘어가더라도 어려운 내용은 천천히 또박또박 전달해야 한다. 예를 들어 이렇게 말할 수 있다. "오직 의인은…[잠시 멈춤] 믿음으로[약간 힘주어]…[잠시 멈춤] 믿음으로[좀 더 힘주어 반복] 산다는 것을 잊지 마시기 바랍니다."

다섯째, 원고 없이 설교한다.

원고 없는 설교는 들리는 설교를 하기 위한 가장 확실한 방법이다. '원고 없는 설교'란 설교문이 없는 설교가 아니라 설교문에 의지하

들리는 설교가 되려면

- 설교의 길이를 줄인다.
- 설교문을 최대한 다듬는다.
- 설교문을 다른 사람에게 읽어보게 한다.
- 기본적인 말의 기술을 활용한다.
- 원고 없이 설교한다.
- 동화책이나 어린이 서적을 많이 읽는다.

지 않는 설교를 의미한다. 설교자가 설교를 완전히 소화하지 않고서는 원고 없이 설교하기란 불가능에 가깝다. 설교자 자신이 완벽하게 소화한 내용이라야 청중에게 훨씬 효과적으로 전달할 수 있다.

여섯째, 동화책이나 어린이 서적을 많이 읽는다.
이는 알아듣기 쉬운 설교를 하기 위한 최고의 훈련 방법이다. 동화책이나 어린이 서적은 기본적으로 금방 이해할 수 있게 쓰여 있다.

이야기의 구성과 표현, 비유를 눈여겨보면서 독서를 하면 쉬운 설교문을 작성하는 데 유용하다. 같은 맥락에서 부교역자 시절에 어린이를 대상으로 설교할 기회가 있을 때, 이를 가볍게 여기지 말고 최선을 다해 준비해보자. 어린이들에게 죄, 칭의, 견인, 언약 같은 교리를 어떻게 설명할지 오랫동안 진지하게 고민했다면, 어른들에게도 잘 들리는 설교문을 작성할 수 있을 것이다.

2 설교의 기본 : 대교리문답에 따른 자리매김

일반적인 예상과 달리 교리문답은 설교의 기본에 대해 아주 명확히 가르쳐주고 있다. 교리문답이 얼마나 실천적인 문서인지 단적으로 보여주는 또 하나의 예다. 적어도 장로교 목사라면 설교학의 기본을 교리문답에서 시작해야 할 것이다.

기본이 중요하다

모든 신학 분과가 그러하지만 설교학도 기본이 중요하다. 하지만 설교의 기본을 정리하기란 쉽지 않다. 설교학에 대한 저서가 워낙 많고, 설교를 보는 시각이 저마다 다르기 때문이다. 설교학 분야의 광범위한 독서가 설교를 이해하는 데 오히려 방해가 될 수도 있다. 따라서 설교에 대한 가장 기초적인 개념부터 정리한 다음, 설교학을 본격적으로 공부하는 것이 바람직하다. 그렇다면 설교의 기본은 도대체 어디에서 배울 수 있는가?

  신학을 공부할수록 장로교회의 경우 모든 기본 사항이 교리문답과 신앙고백서에 간명하게 정리된 것을 확인할 수 있다. 설교도 마찬가지다. 교리문답과 설교가 무슨 상관이 있느냐고 묻는다면, 그건 교리문답을 모르고 하는 소리다. 일반적인 예상과 달리 교리문답은 설교의 기본에 대해 명확히 가르쳐주고 있다. 교리문답이 얼마나 실천적인 문서인지 보여주는 또 하나의 예다. 적어도 장로교 목사라면 설교학의 기본을 교리문답에서 시작해야 할 것이다.

웨스트민스터 대교리문답에 따른 설교의 기본

17세기 영국 혁명 기간에 소집된 웨스트민스터 총회는 오늘날 장로교회의 기초라고 할 수 있는 신앙고백서와 더불어 대교리문답 및 소교리문답을 작성했다. 또한 이 신조에 근거하여 예배지침과 교회 정치규범도 작성했다. 소교리문답이 신자의 자녀들을 교육하기 위해 작성되었다면, 대교리문답은 그들을 교육시키는 목사들을 위한 것이었다. 대교리문답에서 설교를 어떻게 설명하고 있는지 이해하려면 그것의 전체 구조를 알아야 한다. 전체 교리에서 설교가 차지하는 비중과 위치를 파악하기 위해서다. 대교리문답은 성경을 다

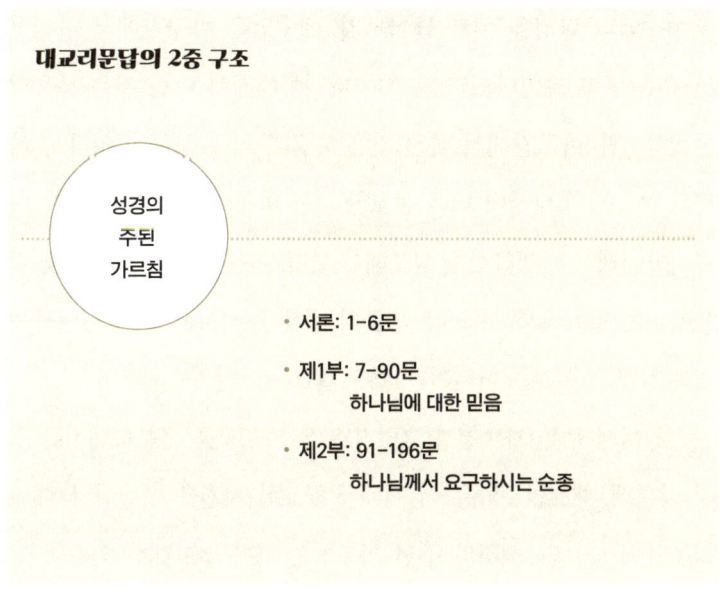

루는 앞부분의 서론을 제외하고 크게 2부로 구성되어 있다. 제1부(7-90문)는 '하나님에 대한 믿음'을 다루고, 제2부(91-196문)는 '하나님께서 요구하시는 순종'이 무엇인지 이야기한다. 대교리문답은 성경의 주된 가르침을 정리하고 있다. 성경은 하나님의 말씀이므로 어느 구절 할 것 없이 모두 중요하다고 생각할 수 있지만, 모든 내용이 일률적으로 똑같이 중요한 것은 아니다. 성경에는 주된 가르침이 있고 부수적인 가르침이 있다. 이러한 구분은 성경을 이해할 때 그리고 설교문을 작성할 때 매우 중요하다.

예수님의 탄생을 예로 들어보자. 예수님은 마구간에서 마리아의 몸을 통해 태어나셨다. 동정녀 마리아에게서 나신 것은 복음의 본질이지만, 마구간에서 나신 것은 복음과 직접 상관이 없다. 그러므로 예수님의 탄생에 대해 설교할 때는 마구간에서 탄생하심보다 마리아에게서 탄생하심을 강조해야 한다. 본문의 주된 가르침을 잘 드러내는 것이 좋은 설교다. 본문의 내용을 시시콜콜 다 설명하는 것은 잘못된 설교는 아니지만 좋은 설교라고 할 수는 없다.

성경에서 주된 가르침과 그렇지 않은 가르침을 구분해내기란 쉽지 않은데, 대교리문답은 이 점에서 중요한 지침을 제공한다. 대교리문답에 따르면, 성경의 주된 가르침은 하나님에 대한 믿음과 그 하나님께서 요구하시는 순종이다. 이것을 한 단어로 신행(信行)이라고 한다. 따라서 설교자는 본문에 나타난 하나님이 어떤 분이신지 청중에게 설명해야 한다. 본문의 하나님께서 백성들에게 요구하시는 것이 무엇인지도 납득시켜야 한다.

예를 들어 사랑의 하나님과 진노의 하나님께서 신자에게 요구하시는 바가 동일할 수 없다. 본문마다 강조하는 하나님의 특성이 다르다. 설교자는 그런 미묘한 차이를 부지런히 찾아내고 효과적으로 선포하기 위해 노력해야 한다. 정말 다행스럽게도 우리 신앙의 선배들이 성경의 주된 가르침을 신앙고백서와 교리문답에 체계적으로 정리해놓았다. 성경의 주된 가르침(교리)을 쉽게 찾을 수 있도록 두

문서의 내용을 숙지하는 것은 설교자의 몫이다.

제2부의 구성: 하나님께서 요구하시는 순종(91-196문)

대교리문답에서 설교는 제2부에서 다루므로 제2부의 구성을 좀 더 들여다보겠다. 이 책은 교리문답 해설서가 아니므로 핵심 사항만 정리하면 다음과 같다.

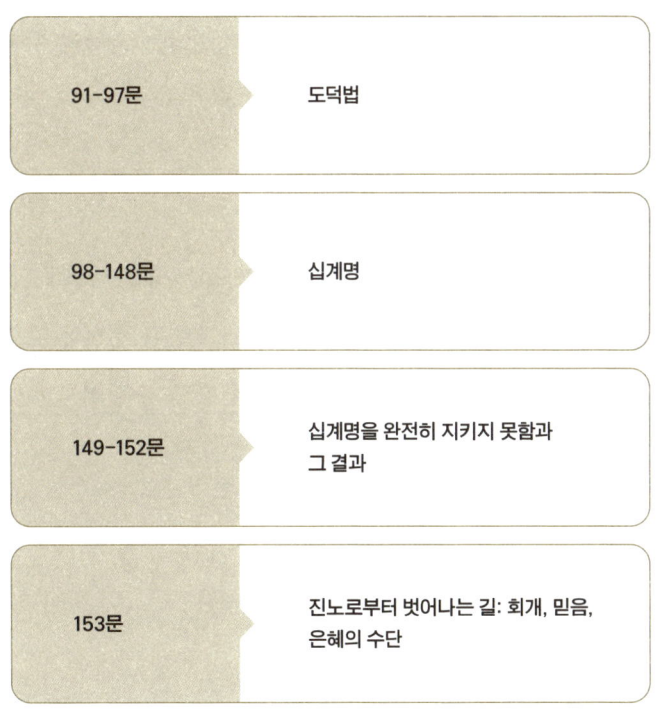

91-97문	도덕법
98-148문	십계명
149-152문	십계명을 완전히 지키지 못함과 그 결과
153문	진노로부터 벗어나는 길: 회개, 믿음, 은혜의 수단

1) 하나님께서 신자에게 요구하시는 것은 한마디로 도덕법이다.
2) 이 도덕법은 십계명에 요약되어 있으며, 대교리문답은 십계명에 대해 지나치다 싶게 자세히 설명하고 있다. 대교리문답만 공부해도 십계명을 이해하는 데 충분할 것이다.
3) 그런 다음에는 십계명을 온전히 지킬 수 없는 문제를 다룬다.
4) 십계명을 어기면 하나님의 진노를 초래하며, 여기서 벗어나는 길은 회개와 믿음과 은혜의 수단이라고 가르친다.* 회개와 믿음은 제1부에서 이미 다루었고, 제2부에서는 은혜의 수단을 다룬다.

은혜의 외적 수단: 말씀, 성례, 기도

대교리문답 154문에 따르면 "그리스도가 자신의 중보 혜택을 그 몸 된 교회에 전달하시는" 은혜의 외적 수단은 말씀과 성례와 기도다. 155-196문에서는 이 세 가지 은혜의 수단을 다음과 같이 차례대로 다룬다.

---

* "유대인과 헬라인들에게 하나님께 대한 회개와 우리 주 예수 그리스도께 대한 믿음을 증언한 것이라"(행 20:21). τὴν εἰς τὸν θεὸν μετάνοιαν, καὶ πίστιν τὴν εἰς τὸν κύριον ἡμῶν Ἰησοῦν(Act 20:21 BYZ).

| 155-160문 | 말씀이 효력 있기 위해서는(155문) 성경 낭독과(156-157문) 설교가 있어야 한다(158-160문). |

| 158문 159문 160문 | 누가 설교할 수 있는가? 어떻게 설교해야 하는가? 어떻게 설교를 들어야 하는가? |

| 161-177문 | 성례: 세례와 성찬 |

| 178-196문 | 기도: 주기도문 해설 |

은혜의 수단으로 쓰이는 말씀은 두 가지로 구성된다. 하나는 성경 낭독이고 다른 하나는 설교다. 따라서 교리문답은 성경을 어떻게 읽어야 하는지, 설교를 누가 어떻게 하고 어떻게 들어야 하는지를 다루는 셈이다. 성경 읽기도 중요하지만 설교는 특별히 중요하다. 하나님은 구원을 위해 성경 읽기를 효과적으로 사용하시기도 하지만 '특별히' 설교를 사용하신다. 설교를 강조하느라 성경 읽기의

중요성이 약화되면 안 되지만 성경 읽기를 설교보다 강조하는 것도 위험하다. 교리문답은 성경 읽기를 다룬 다음 설교의 기본으로 넘어간다.

1) 누가 설교할 수 있는가?
2) 어떻게 설교해야 하는가?
3) 어떻게 설교를 들어야 하는가?

이 세 가지는 설교에 대한 가장 기본적인 질문이며, 모두가 "설교란 무엇인가"라는 질문과 밀접한 관련이 있다.

먼저 "누가 설교할 수 있는가"라는 질문부터 살펴보자. 오늘날 '아무나' 혹은 '은사가 있는' 사람은 누구나 설교를 할 수 있다는 인식이 퍼져 있다. 그만큼 설교를 가볍게 보는 세태를 반영한다. 목사는 설교를 어떻게 해야 하는지 고민해야겠지만, 성도도 설교를 어떻게 들어야 하는지 고민해야 한다. "누가 설교할 수 있는가"는 "어떤 사람을 목사로 청빙해야 하는가?" 혹은 "어떤 설교를 하는 교회에 출석해야 하는가?"와 동일한 질문이다.

목사는 자신의 설교 능력을 키워가는 한편 성도들의 설교 청취력을 키우는 일에도 지속적으로 관심을 가져야 한다. 교리문답은 무엇을 설교해야 하는지에 대해서도 언급하고 있으나, 별도의 문항으로 다루지 않고 아주 짧게 답하기 때문에 답을 쉽게 찾을 수 없다. 교리문답에 따르면, 설교의 내용은 한마디로 올바른 교리(sound doctrine)가 되어야 한다. 설교의 형식은 조금씩 달라도 모든 설교는 내용상 교리 설교가 되어야 하는 것이다. 이것은 장로교 목사라면 명심해야 하는 사항이다. "무엇을 설교해야 하는가?"에 대한 분명한 확신이 없다면 어떻게 자신 있게 설교할 수 있겠는가? 교리를 전하지 않는 설교는 설교가 아니라 성경 해설일 뿐이다. 또한 올바른 교리에 대한 이해 없이 바른 설교를 하는 것도 불가능하다.

종교개혁가들은 중요한 성경의 교리를 모두 신앙고백서와 교리문답에 정리해놓았다. 따라서 이들 교리서에 익숙하다면 어떤 성경 본문을 보더라도 설교해야 할 교리를 쉽게 찾을 수 있을 것이다. 반면에 이와 같은 교리에 숙달되지 않으면 아무리 설교 본문을 읽더라도 전해야 할 교리를 찾기가 쉽지 않다. 따라서 설교자는 설교 준비를 하면서 지속적으로 신앙고백서 및 교리문답과 대화를 해야 한다. 예를 들어 성탄절 설교를 할 때 동방박사나 목자에 대해 열심히 설명하면서도 정작 성육신 교리를 전하지 않는다면, 그것은 설교가 아니라 단지 재미있는 성경 이야기에 지나지 않는다.

대교리문답은 설교에 대한 가장 기본적인 이해를 제공한다. 교리문답을 통해 우리는 설교를 올바르게 자리매김할 수 있다. 보통 "설교에 목숨을 걸라"는 말을 많이 듣는다. 이 말의 의도는 충분히 알 수 있지만 상당한 위험을 안고 있는 표현이다. 설교는 청중이 교리 전체의 맥락 속에서 성경을 이해하도록 해야 한다. 설교가 중요하지만 전부가 되어서도 안 된다. 설교를 지나치게 강조하다보면 목사 중심의 교회로 변질될 수도 있다. 교리문답이 가르치듯이 설교는 성례 및 기도와 같이 가야 하고 성경 읽기와도 균형을 맞춰야 한다. 설교를 중심에 두고 그 외 은혜의 수단으로 힘을 더할 때, 교회는 건강하고 단단하게 자라갈 것이다.

설교학의 기본: 대교리문답 153-160문

- 153문: 우리가 율법을 범함으로 마땅히 받게 된 하나님의 진노와 저주를 피하게 하기 위해 하나님께서 우리에게 요구하시는 것은 무엇입니까?

  답: 우리가 율법을 범함으로 마땅히 받게 된 하나님의 진노와 저주를 피하게 하기 위해 하나님은 우리에게 하나님을 향한 회개와 우리 주 예수 그리스도에 대한 믿음과 그리스도가 자신의 중보 혜택을 우리에게 전달하시는 외적 방편들을 부지런히 사용할 것을 요구하십니다.

- 154문: 그리스도가 자신의 중보 혜택을 그 몸된 교회에 전달하시는 외적 수단은 무엇입니까?

  답: 그리스도가 자신의 중보 혜택을 그 몸된 교회에 전달하시는 외적이고 일반적인 수단은 그분의 모든 규례, 특히 말씀과 성례와 기도이며 이 모든 것은 택자들을 구원하는 데 효과적인 수단입니다.

- 155문: 말씀이 어떻게 구원에 효과적으로 사용됩니까?

  답: 하나님의 성령은 말씀을 읽는 것, 특히 말씀의 설교를 효과적인 수단으로 사용하여 죄인들을 조명하고 책망하며 겸손하게 하심으로 그들이 자기 자신들로부터 돌아서서 그리스도에게 향하도록 이끄십니다. 또 그분의 형상을 본받게 하시고, 그분의 뜻에 복종하게 하시고, 그들을 강하게 하여 유혹과 부패에 대항하게 하시고, 은혜 안에서 자라게 하시며, 구원에 이르는 믿음을 통해 그들의 마음을 거룩함과 위로로 견고하게 세우심으로 말씀이 구원에 효과적으로 사용되게 하십니다.

- 156문: 하나님의 말씀을 모든 사람이 읽어야 합니까?

  답: 비록 누구나 공적으로 회중에게 말씀을 낭독하도록 허락되지는 않았지만 모든 사람은 각자 홀로, 그리고 가족과 함께 말씀

을 읽어야 할 의무가 있습니다. 이를 위해 성경은 원어에서 각 민족의 대중 언어로 번역되어야 합니다.

- 157문: 하나님의 말씀을 어떻게 읽어야 합니까?
  답: 성경은 존귀하고 경건하게 여기는 마음으로 읽어야 합니다. 곧 성경이 하나님의 말씀이고 하나님만이 우리로 하여금 성경을 깨닫게 하실 수 있다는 굳은 확신을 가지고, 거기에 계시되어 있는 하나님의 뜻을 알고 믿고 순종하려는 열망을 가지고 읽어야 합니다. 또 부지런히 성경의 내용 및 의도에 주의하며 묵상과 적용과 자기 부정과 기도함으로 성경을 읽어야 합니다.

- 158문: 누가 (하나님의 말씀을) 설교할 수 있습니까?
  답: 충분한 은사를 받았을 뿐 아니라 정식으로 인허받아 이 직분에 부름 받은 사람만 하나님의 말씀을 설교할 수 있습니다.

- 159문: (그렇게 부름 받은 이들은 하나님의 말씀을) 어떻게 설교해야 합니까?
  답: 말씀 사역에 수고하도록 부름 받은 이들은,
  올바른 교리를,
  때를 얻든지 못 얻든지 부지런하게,

사람의 지혜가 권하는 말이 아니라 성령의 나타나심과 능력으로 단순명료하게,

하나님의 모든 경륜을 알도록 신실하게,

청중의 필요와 수용 능력에 맞게 적용하며 지혜롭게,

하나님과 그분 백성들의 영혼에 대한 뜨거운 사랑으로 열심히,

하나님의 영광과 백성들의 회심, 성숙, 구원을 목표로 진심으로 설교해야 합니다.

- 160문: 어떻게 설교를 들어야 합니까?(설교 말씀을 듣는 이들에게 요구되는 것은 무엇입니까?)

답: 설교 말씀을 듣는 이들은,

준비된 자세와 기도로 설교에 부지런히 참여해야 하며,

들은 바를 성경을 통해 검증하고,

믿음과 사랑과 온유와 준비된 마음으로 진리를 받되 하나님의 말씀으로 받고,

그것을 묵상하고 숙고하며,

그들의 마음속에 간직하여 그 말씀의 열매가 삶 가운데 맺히도록 해야 합니다.

3 본문 정하기: 설교 준비의 시작

설교 준비는 본문 정하기에서 시작한다. 본문을 선정하는 기준과 확신이 없으면 확신 있는 설교를 하기가 어렵다. 주위의 선배 목사들에게 물어봐도 답변이 크게 도움이 되지 않는 경우가 많다. 교회마다 환경이 다르므로 그들의 답이 나의 답이 될 수도 없다.

교회사로 본 설교 본문 선정

설교 준비는 본문 정하기에서 시작한다. 매주 설교를 해야 하는 목사들에게 이것은 보통 무거운 짐이 아니다. 경험이 많은 목사들은 자기 나름대로의 방식을 가지고 있지만 그렇지 않은 초보자들은 이리저리 흔들리는 경우가 적지 않다. 본문을 선정하는 기준과 확신이 없으면 확신 있는 설교를 하기가 어렵다. 주위의 선배 목사들에게 물어봐도 답변이 크게 도움이 되지 않는 경우가 많다. 교회마다 환경이 다르므로 그들의 답이 나의 답이 될 수도 없다.

본문을 정하는 데 어떤 획일적인 방법이 있는 것은 아니다. 그렇다고 아무런 원칙 없이 자기 소견에 옳은 대로 설교 본문을 정하는 것도 바람직하지 않다. 이 문제에 대한 해답을 교회사에서 찾아보는 것이 유익할 것이다. 종교개혁 이전에 전통적으로 설교 본문은 교회력에 따라서 정해졌다(사실 종교개혁 이전에는 설교 자체가 거의 시행되지 않았을 뿐 아니라 설교를 할 수 있는 사제들도 거의 없었다). 설교자는 어떤 본문을 정할지 고민할 필요 없이 그냥 정해진 본문에 따라 설교를 하면 되었다. 설교자에게 본문 선택의 자유가 전혀 없으니 설교의 활력이 떨어질 수밖에 없었다. 종교개혁 이후에는 대부분의 교회력이 약화되거나 폐지되었기 때문에 교회력에 따른 본문 선정은 개혁교회 안에서 사라지다시피 했다. 종교개혁가들은 일반적으로 연속되는 강해 설교를 선호했다. 종교개혁가 칼뱅이 제네바에서 추방되었다가 다시 돌아왔을 때, 첫 설교 본문이 추방되던 마지막 주일에 했던 설교 본문 다음이었다는 일화는 유명하다. 이 방식에 따르면 설교자는 일단 성경 66권 중 한 권을 선택하고 나면 그 다음 설교 본문을 무엇으로 할지 고민할 필요가 없었다.

연속 본문 강해 설교의 극단적 형태가 청교도들에게서 등장하기 시작했다. 청교도들은 성경을 지극히 사랑하고 성경 본문을 깊이 연구한 사람들로 유명하다. 이들은 성경 한 절 한 절을 귀하게 보았기 때문에 설교 본문이 길지 않았다. 따라서 성경 한 권이 본문으로 정해지면 성도들은 몇 년 동안 그 성경에 대한 설교만 들어야 했다. 대표적인 예로 17세기 영국 회중파 청교도 목사인 조셉 카릴은 욥기만 무려 30년 동안 설교를 했다. 그렇게 설교한 카릴 목사도 대단하지만, 그 설교를 무려 30년 동안 들은 성도들도 참으로 대단하다. 아마도 박해의 시절에 욥기 설교는 성도들에게 크나큰 위로를 주었을 것이다.

시간이 흐르면서 설교자들은 점점 더 본문 선택의 자유를 누리게 되었다. 자기가 좋아하는 본문을 선택하니 설교에 더 많은 생동감이 실렸다. 하지만 이 방식 또한 단점이 있었다. 본문 선정이 설교자 개인에게 너무 의존한다는 것이었다. 예를 들어 목사가 종말에 관심이 많으면 성도들은 종말에 대한 설교밖에 들을 수 없었다. 간단히 말해 성도들이 편식을 하게 되는 것이다.

이에 네덜란드 개혁교회에서는 다소 혁신적인 방법을 도입했다. 1563년에 작성된 하이델베르크 교리문답이 네덜란드 개혁교회에서 공식적으로 채택되자 네덜란드 교회의 총회가 나서서 주일 오전예배와 오후예배 중 한 번은 이 교리문답에 따라 설교를 해야 한다고 결정한 것이다. 한 번은 목사가 자유롭게 설교 본문을 정하되 나머지 한 번은 교리문답에 따라 설교 본문을 정해야 했다. 129개의 문답으로 이루어진 하이델베르크 교리문답은 52개의 주일로 구성되어 있어 성도들은 1년이면 성경의 중요한 교리에 대한 설교를 적어도 한 번씩은 들을 수 있었다.

역사적 경험으로 보건대, 성경 본문을 미리 어떤 한 틀로 정하거나 목사의 판단에 전적으로 의존하여 정하는 것은 바람직하지 않다. 적절하게 균형을 맞추는 것이 좋으나 이는 결코 쉬운 일이 아니다. 특히 한국 교회의 목사는 설교 횟수가 너무나 많기 때문에 효과적인 방식을 정하는 데 어려움이 있다. 그렇다면 가장 쉽고 분명한 사항부터 정리해보자.

설교 본문, 어떻게 정할 것인가?

설교 본문은 최대한 일찍 정하는 것이 좋다. 어떤 목사는 1년치 설교 본문을 미리 정하기도 한다지만, 그 정도까지는 아니어도 최대한 미리 정하는 것이 바람직하다. 다음 몇 가지 틀이 설교 본문을 정하는 데 도움이 될 것이다.

첫째, 교회력에 따라 본문을 정한다.
개신교회는 로마가톨릭교회의 절기를 따르지는 않지만 그럼에도 불구하고 교회 절기를 완전히 무시할 수는 없다. 적어도 성탄절이나 부활절을 지키지 않는 한국 교회는 없을 것이다. 따라서 설교자마다 자신이 섬기는 교회가 지켜야 할 가장 기본적인 절기를 확정할 필요가 있다. 교회 절기는 다음과 같이 크게 구분할 수 있으며, 절기 중에서 어떤 것을 지킬지는 개 교회가 정할 문제다.

일반적인 교회 절기

기독교 3대 절기	성탄절, 부활절, 성령강림절
그리스도의 구속 관련 절기	종려주일, 고난주간, 승천절, 주현절
개혁교회 전통에 따른 절기	종교개혁기념주일, 추수감사주일
한국 교회의 토착 절기	어린이주일, 어버이주일, 스승의주일 등

1월	2월	3월	4월	5월	6월
주현절	사순절 1주	종려주일 고난주간	부활절	승천절 성령강림절 어린이주일 어버이주일 스승의주일	

12월	11월	10월	9월	8월	7월
성탄절	대림절 1주	종교개혁기념주일 추수감사주일			맥추감사주일

지켜야 할 절기가 확정되면 그에 따라 본문을 정하면 된다. 절기 설교는 해마다 돌아오는 것이므로 평소 절기에 관심을 가지고 공부를 해놓아야 통찰력 있는 설교를 할 수 있다. 절기에 대해 잘 정리한 연구서 몇 권 정도는 소장하는 것이 좋다.

둘째, 연속된 본문으로 강해 설교를 한다.
주일 오후(저녁)예배는 이 방식에 따라 본문을 정하면 좋다. 오후예배에는 기본적으로 교회생활을 오래한 성도들이 많이 출석하므로 이들에게 보다 유익한 시간이 될 것이다. 청교도들처럼 한 구절 한 구절을 세밀하게 설명하기보다 한 장 안에서 가장 중요한 본문을 정해 그것을 중심으로 설교하는 것이 오늘날에는 바람직하다고 본다.* 설교 준비를 많이 하는 목사일수록 본문을 상세히 설명하려는 경향이 있으나 청중에게는 오히려 도움이 되지 않을 수 있다.

셋째, 시편 강해 설교를 한다.
수요기도회에 시편만큼 좋은 성경 본문은 없다고 본다.** 시편 자체가 기도인 동시에 찬양이기 때문이다. 수요기도회는 이름에 걸맞게

---

* 이성호, 『요한복음, 복음으로 읽기』(좋은씨앗, 2020). 『누가복음, 복음으로 읽기』(좋은씨앗, 2021)를 참고하라.
** 시편 설교에 대해서는 다음 주석을 추천한다. 김성수, 『시편 I』(대한예수교장로회 고신총회, 2022).

성도들이 기도를 많이 할 수 있도록 도와야 한다. 수요기도회의 설교가 다른 설교와 다를 바 없다면 성도들이 굳이 그 시간에 참석할 필요를 느끼지 못할 수 있다. 특히 수요기도회에는 가장 헌신된 성도들이 참석하므로 좀 더 수준 높은 설교를 준비하는 것이 좋다.

시편은 비슷한 내용끼리 묶여 있는 경우가 많으므로 1편부터 차례로 설교하기보다 장르에 따라 적절하게 돌아가면서 설교하는 것이 적절하다. 이를테면 감사시, 탄식시, 지혜시, 찬양시 순으로 한다.

넷째, 범주별로 본문을 정한다.
주일 오전예배의 설교 본문을 정하는 것이 가장 고민될 것이다. 구약, 교리, 신약, 주제별(시리즈)의 범주에 맞추어 한 달씩 돌아가며 본문을 정해보자. 이렇게 큰 틀을 정해두면 본문 선정으로 고민하는 시간이 현저히 줄어들 것이다. 예를 들면 다음 표와 같다.

물론 꼭 4주라는 틀에 맞출 필요는 없다. 중간에 절기가 들어갈 수 있고, 5주인 달도 있으므로 적절히 조정하면 된다. 이와 같이 최소한의 범주가 정해져 있으면 성경 본문을 미리 확정하기가 쉽다. 한 달 동안 설교 본문이 서로 연관되어 있어 성도들이 이해하고 기억하기도 용이하다. 또한 하나님의 말씀을 전반적으로 균형 있게 선포할 수 있다.

아마도 가장 어려운 문제는 주제 선정일 것이다. 개인적으로 성경을 읽거나 기도하면서, 신문이나 방송을 보면서, 신학 책을 읽으면서 여러 주제를 떠올릴 수 있지만, 무엇보다 심방을 통해 주제를 정하는 것이 좋다. 설교는 기본적으로 개 교회의 성도를 향한 하나님의 말씀이다. 따라서 설교자인 목사는 평소에 부지런히 심방하며 성도들을 살펴야 한다. 심방을 통해 하나님께서 맡기신 양들에게 필요한 말씀이 무엇인지 고민하고 기도해야 한다. 물론 심방 중에 있었던 구체적인 일을 설교 시간에 언급해서는 안 된다.

어설픈 본문 선정을 주의하라

설교자는 말씀을 통해 성도들에게 답을 주어야 한다는 강박증을 갖기가 쉽다. 예를 들어 큰 재난으로 수많은 인명 피해가 발생하면, 다가오는 주일에 이 사건과 관련된 설교를 해야 한다는 일종의 의무감을 느낀다. 이럴 때는 어떤 본문을 선택할 수 있을까? 아무래도 고난과 관련된 본문을 선택하고 싶을 것이다. 욥기 1장이 대표적이다. 어떤 고난도 다 하나님께서 허락하신 일이므로 욥처럼 원망하지 않고 모든 것을 합력하여 선을 이루시는 하나님을 의지하자는 식으로 설교를 할 수 있다. 이렇게 설교할 경우, 설교 자체는 아무런 문제가 없다. 그러나 심각한 주제일수록 조심스럽게 다루어야 한다. 깊은 고민 없이 설교를 하면 공감을 얻지 못한 채 당위적이고 뻔한 결말로 흐를 수 있기 때문이다. 본문을 제대로 다룰 자신이 없다면 차라리 다른 주제로 설교하는 편이 낫다.

또 하나의 예를 들어보자. 대통령 선거를 앞두고, 혹은 선거가 끝난 직후 어떤 설교를 해야 할까? 이 역시 마찬가지다. 한국 사회에서 정치는 매우 민감한 주제이므로 제대로 준비되지 않은 설교는 오히려 성도들에게 반감만 살 것이다. 정치와 관련해서는 많은 설교가 대체로 다음과 같은 논지를 표방한다. "성도는 좌로나 우로나 치우쳐서는 안 됩니다. 하나님은 좌파도 우파도 아닙니다. 성도는 다만 하나님 편이 되어야 합니다." 그러나 최근에는 강단에서 특정한 정파를 두둔하며 개인의 정치색을 드러내는 목사들도 꽤 있는 실정이다. 설교에 정치라는 누룩이 들어가면 설교 자체가 엉망이 되고 만다는 사실을 명심해야 한다.

주제를 미리 정해놓고 성경 본문을 정할 때 설교자는 보다 더 조심해야 한다. 본문이 말하는 바에 근거하여 설교하기보다 자기의 생각이나 사상을 본문에 주입시킬 위험이 많아지기 때문이다. 그럴 때 설교는 하나님의 말씀이 아니라 설교자가 하고 싶은 말을 쏟아내는 강연으로 변질된다. 설교 초보자일수록, 설교 준비를 충분히 할 형편이 안 될수록 쉬운 본문을 선정하는 것이 바람직하다.

4 | 본문 읽기

본문의 의미를 정확히 이해하기 위해 적극적으로 본문을 읽는 방법이 능동적 읽기다. 기본적인 질문에서 점점 심도 있는 신학적 질문으로 나아가며 계속해서 질문을 던진다. 설교문을 작성하기 위해서는 본문과 끊임없이 대화하는 훈련을 해야 한다.

성경 읽기의 중요성

본문이 정해졌으면 설교자는 본문을 충분히 읽어야 한다(성경 읽기의 중요성에 대해서는 앞서 2장에서 대교리문답을 통해 간단히 살펴보았다). 본문 읽기는 가장 기본적인 설교 준비에 속한다. 너무나 당연한 일을 강조하는 이유는 설교를 준비할 때 의외로 설교 본문을 충분히 읽지 않는 경우를 많이 보았기 때문이다. 익히 아는 내용이어서 그런지 형식적으로 훑는 수준에서 그친다. 실제로 본문을 반복해서 정독하기가 그리 만만한 일은 아니다. 설교를 준비할 시간이 부족하다보니 본문을 제대로 읽을 시간을 내기도 쉽지 않다.

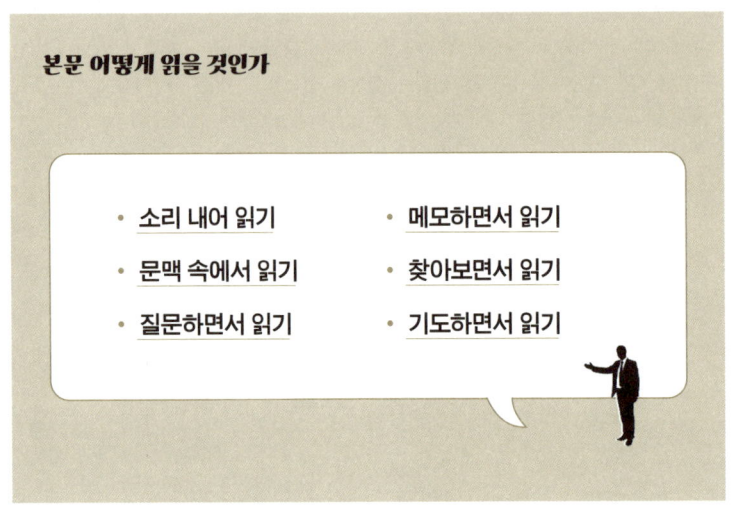

소리 내어 읽기

이전 시대 사람들에 비해 현대인들은 성경을 눈으로만 읽는 경우가 많다. 굳이 소리 내어 읽을 필요성을 느끼지 못하는 설교자도 많다. 특히 QT가 보편화되면서 소리 내어 읽기보다 묵상이 더 나은 방법으로 간주되기도 한다. 성경에서 (특히 시편에서) '묵상'으로 번역된 단어는 원래 소리 내어 읊조리는 것을 의미한다. 그러나 '말없이 마음속으로 생각한다'는 뜻의 '묵상'으로 번역되는 바람에 성경 말씀을 소리 내어 읽는다는 개념이 상당히 약화되었다. 평소에 성경을 소리 내어 읽는 일이 없다보니 공식석상에서 제대로 낭독하지 못하는 일도 빈번하게 벌어진다.

물론 성경을 묵상하는 것도 필요하다. 하지만 낭독과 병행할 필요가 있다. 이것은 특별히 설교자에게 중요한 일이다. 한글 성경은 일상에서 사용하지 않는 궁중체로 번역되어 있기 때문에 평소 소리 내어 읽지 않으면 성경 본문을 정확하고 자연스럽게 읽기가 어렵다. 설교자가 성경 본문을 낭독할 때 자주 틀리거나 자연스럽지 못하다면 설교자에 대한 청중의 신뢰감은 떨어질 것이다. 설교 중에 성경 본문을 청중에게 그대로 전해야 할 때, 정확하고 힘있게 발음해야 성도들에게 확신을 줄 수 있다. 이것은 설교를 준비할 때 혹은 평소에 소리 내어 읽는 연습을 많이 해야 가능한 일이다.

참고로 말하자면, 오늘날 예배 시간에 설교자와 청중이 본문 말씀을 한 구절씩 번갈아서 읽는 교독이 보편화 되었지만, 예배 시간에 하나님의 말씀인 성경을 낭독하는 것은 원칙적으로 목사의 직무다.

문맥 속에서 읽기

해당 본문을 충분히 읽었다면 앞뒤의 본문도 충분히 읽는 것이 좋나. 문맥 속에서 읽으면 훨씬 더 풍성한 의미를 찾아낼 수 있기 때문이다. 본문의 중요한 의미는 문맥 속에서 결정되므로 적어도 본문의 앞뒤 한두 장은 여러 번 읽을 필요가 있다. 본문만 읽었을 때와 비교해 상당히 다른 느낌을 갖게 될 것이다.

예수님께서 받으신 시험을 예로 들어보자. 만약 마태복음 4장만 읽었다면 "말씀으로 사탄의 시험을 이깁시다" 식의 설교가 될 것이다. 물론 이 설교가 잘못된 것은 아니다. 하지만 바로 앞 장에는 예수님께서 세례를 받으시는 사건이 나온다. 예수님의 세례와 시험이 밀접한 관계가 있음을 유추해볼 수 있는 대목이다. 예수님의 시험에 대해 설교하면서 그분의 세례를 언급하지 않는다면, 복음의 핵심 하나를 놓치는 셈이다.

베드로의 신앙고백에 대해서도 살펴보자(마 16:13-28, 막 8:27-9:1). "너희는 나를 누구라 하느냐"라는 예수님의 질문에 "주는 그리스도시요 살아 계신 하나님의 아들이시니이다"라고 베드로가 대답한 일화는 아주 잘 알려져 있다. 이것은 매우 위대한 신앙고백이며 예수님도 베드로에게 "네가 복이 있도다"라고 칭찬하셨다. 이 본문만 읽으면 베드로의 위대함만 보일 테지만, 이 고백은 바로 다음 사건과 관련지어서 보아야 더 풍성하게 이해할 수 있다.

베드로가 이렇게 고백한 직후 예수님은 비로소 자신이 당할 많은 고난과 이후의 부활에 대해 가르치기 시작하셨다. 그러자 베드로는 결코 그런 일이 일어나지 않게 하겠다면서 예수님에 대한 열정을 강력하게 표현했다. 그러자 방금 전까지만 해도 베드로에게 '복 있는 사람'이라고 말씀하셨던 예수님은 이제 그를 '사탄'이라고 부르면서 그가 하나님의 일이 아니라 사람의 일을 생각한다고 책망하셨다.

따라서 베드로의 고백을 온전히 이해하려면 바로 뒤에 나오는 본문도 함께 고려해야 한다. 베드로는 예수님이 그리스도시며 하나님의 아들이심을 믿었지만 그분이 죽으셔야 한다는 건 상상조차 할 수 없었다. "어떻게 하나님의 아들이 죽을 수 있다는 말인가?" 베드로가 이해한 그리스도와 예수님께서 생각하신 그리스도가 완전히 달랐음을 본문은 잘 보여준다. 그리스도를 잘못 이해하면 제자조차 사탄이 될 수도 있다는 것은 두려운 교훈이 아닐 수 없다.

바울 사도는 "두렵고 떨림으로 너희 구원을 이루라"고 빌립보서에서 명한다(2:12). 이 구절은 알미니우스주의자들이 가장 좋아하는 성경 구절이다. 그들은 이 구절에 근거하여 성도의 견인을 부정하고 신자의 노력을 지나치게 강조한다. 하지만 바로 다음 구절은 이렇게 말하고 있다. "너희 안에서 행하시는 이는 하나님이시니 자기의 기쁘신 뜻을 위하여 너희에게 소원을 두고 행하게 하시나니"(13절). 아쉽게도 한글 성경의 12절과 13절 사이에는 '왜냐하면'이라는 단어가 생략되어 있지만, 사실 두 구절은 인과관계로 연결되어 있다. 즉 구원을 이루는 힘은 우리에게서 나오는 것이 아니라 우리 안에 거하시면서 우리에게 소원을 불러일으키고 행하게 하시는 성령 하나님에게서 나온다. 문맥을 무시하면 성경을 얼마든지 자기가 원하는 대로 읽을 수 있으므로 설교자는 늘 유의해야 한다.

질문하면서 읽기

성경 본문을 읽는 방법에는 크게 능동적 읽기와 수동적 읽기가 있다. 수동적 읽기는 성경을 읽으면서 그때그때 떠오르는 의미를 받아들이는 것이다. 본문의 의미를 모르더라도 일단 넘어간다. 그렇게 계속해서 읽다보면 본문의 깊은 의미를 자연스럽게 깨닫게 되기도 한다. 반면에 능동적 읽기는 본문의 의미를 정확하게 이해하기 위해 적극적으로 본문을 읽는다. 내용을 무조건 받아들이기보다는 끊임없이 질문을 던지는데, 이는 설교문을 작성하는 데 매우 유용하다. 기본적인 질문에서 시작하여 점점 심도 있는 신학적 질문으로 나아간다. 설교문을 작성하기 위해서는 본문과 끊임없이 대화하는 훈련을 해야 한다. 이와 관련해 마태복음 28장에 나오는 예수님의 지상명령을 살펴보자.

> 하늘과 땅의 모든 권세를 내게 주셨으니 그러므로 너희는 가서 모든 민족을 제자로 삼아 아버지와 아들과 성령의 이름으로 세례를 베풀고 내가 너희에게 분부한 모든 것을 가르쳐 지키게 하라. 볼지어다. 내가 세상 끝날까지 너희와 항상 함께 있으리라(18-20절).

이 내용을 모르는 신자는 아마도 거의 없을 것이다. 특히 선교단체에서 훈련받은 이들은 이 구절을 외우고 있을 것이다. 본문 암송은 매우 유익한 일이지만 본문을 달달 외운다고 해서 그 의미를 잘 알게 되는 것은 아니다. 이 구절에 대해 다음과 같은 질문을 던져볼 수 있다.

- 이 명령은 언제 하셨는가?
- 이 명령은 어디서 하셨는가?
- 이 명령은 누구에게 하셨는가?
- 지상명령이란 도대체 무슨 뜻인가?

아주 기본적인 질문이다. 아마도 대부분이 이 질문에 자신 있게 대답할 수 있겠지만 의외로 대답을 못하거나 틀리게 답하는 경우도 있다. 예를 들어 예수님께서 승천하면서 이 명령을 하셨다고 잘못 알고 있는 사람이 제법 있다. 그러나 예수님께서 승천하신 장소는 예루살렘인 반면 이 명령은 갈릴리의 어느 산에서 하셨다.

지상명령에 대한 기본적인 질문에 설교자는 정확한 답을 알고 있어야 하지만, 부정확하게 알고 있더라도 설교 전체에는 큰 영향이 미치지 않는다. 그러나 "어떻게 제자를 삼아야 하는가?"라는 질문에 정확히 답하지 못한다면 제대로 된 설교를 하기가 쉽지 않다. 본문에 따르면 제자 삼는 중요한 방법 중 하나가 세례다. 하지만 '제자 삼기'에 관한 대부분의 설교를 보면 세례의 중요성을 그리 강조하지 않는다. 왜 설교자들이 지상명령에 대해 설교하면서 세례에는 무관심한 걸까? 아무리 본문을 읽는다 해도 본문 자체에 대해 질문하지 않는다면 세례 없는 제자훈련은 사라지지 않을 것이다.

본문을 읽으면서 어떤 질문이라도 할 수 있지만 모든 질문이 유익한 것은 아니다. 이왕이면 좋은 질문을 하는 습관을 들여야 한다. 기본적으로 가장 좋은 질문은 "본문에 따르면 ~하는가?"다. 예를 들어 창세기 2장 마지막 부분을 읽었다고 가정해보자. 하나님께서 여자를 지어 돕는 배필로 아담에게 이끌어 오시는 장면이다. 이 본문을 읽으면 자연스럽게 결혼에 대해 다음과 같은 질문을 하게 될 것이다.

- 본문에 따르면 하나님은 아내를 어떻게 준비시키셨는가?
- 본문에 따르면 아담은 배우자를 맞기 위해 무엇을 했는가?

흔히 좋은 배우자를 만나려면 열심히 기도해야 한다고 말하지만, 아담이 배우자를 맞이하기 위해 한 일은 깊은 잠을 잔 것 말고는 없다. 창세기 본문에 따르면, 좋은 아내는 하나님의 전적인 선물임이 강조되고 있다. 설교가 본문에 뿌리를 둘수록 힘있게 되므로 책임 있는 설교를 하기 위해 설교자는 끊임없이 "본문에 따르면 ~ 하는가?"라는 질문을 해야 한다.

메모하면서 읽기

본문을 읽는 동안 설교자는 여러 가지 성경적 교훈을 깨닫거나 신앙생활에 대한 질문을 갖게 된다. 이와 같은 생각들은 머릿속에서 순간적으로 일어나거나 스쳐 지나가기 때문에 그때그때마다 어떤 형식으로든지 메모를 해두는 것이 좋다. 설교를 준비할 때는 떠오른 생각들을 차분하게 정리할 수 있지만, 그렇지 않은 경우 메모지에 주요 단어를 적어두는 것만으로도 충분하다. 설교자는 평소에도 설교 본문에 대해 생각할 수밖에 없는데 종종 아주 놀라운 깨달음을 하나님께서 주실 때가 있다. 요즘에는 휴대폰에 메모 기능이 있으므로 마음만 먹으면 얼마든지 메모를 할 수 있다. 평소에 메모하는 습관을 들이는 것이 중요하다.

메모하면서 성경을 읽다보면 메모 양이 계속 늘어갈 것이다. 이 메모들은 설교문을 작성할 때 요긴하게 사용할 수 있는 자료들이므로 충분할수록 좋다. 하지만 메모 자체가 설교에 도움이 되는 것은 아니다. 메모가 쓸모 있는 자료가 되기 위해서는 어느 정도 쌓이면 적절하게 그룹별로 정리를 해야 한다. 이 그룹이 더 많이 모이면 나중에 설교의 대지가 될 것이다. 그런 점에서 학생들에게 여백 성경의 사용을 강력히 추천한다. 전도사들은 신학교 과정 내내 경건회나 새벽기도회에서 많은 설교를 듣게 될 것이다. 성경을 읽거나 다른 이의 설교를 들을 때마다 깨달은 교훈을 여백 성경에 메모해 둔다면 나중에 엄청난 자산이 된다.

찾아보면서 읽기

질문하면서 본문을 읽다가 본문 속에서 답을 찾으면 메모하여 정리해두면 된다. 하지만 답을 찾지 못하는 경우도 적지 않다. 그럴 때는 다른 자료들을 보면서 답을 찾아야 한다. 이를테면 본문에 사용된 단어의 뜻을 알아보는 것이다. 아주 쉬운 단어가 있는가 하면 어떤 단어는 매우 어렵다. 인명이나 지명처럼 간단한 정보는 인터넷 검색만으로 충분히 찾을 수 있지만 좀 더 깊은 정보는 다양한 방식으로 답을 찾아야 한다. 훈련된 설교자가 답을 쉽게 찾는다.

예수님께서 다음과 같이 말씀하셨다. "네 마음을 다하고 목숨을 다하고 뜻을 다하고 힘을 다하여 주 너의 하나님을 사랑하라"(막 12:30). 문장 자체는 그리 어렵지 않다. 사용된 단어도 모두 평범하다. 그런데 여기서 쓰인 '뜻'이란 도대체 무엇일까? 문맥 속에서 그 뜻을 대강 유추할 수 있지만 정확한 의미는 알기 어렵다. 본문이 이 단어의 의미를 알려주지 않기 때문이다. 그렇다면 설교자는 그 뜻을 찾아보아야 한다. 이때 쓰는 가장 기본적인 도구로 성경사전을 들 수 있다. 하지만 여기서 한글 성경사전은 별 도움이 되지 않는다.

성경에 사용된 단어의 의미를 찾는 순서는 대체로 다음과 같다. 일단 본문 단어에 해당하는 헬라어가 무엇인지 알아야 한다. 이 단어가 '디아노이아'임을 금세 찾을 수 있을 것이다. 단어를 찾으면 성경사전을 통해 의미를 파악한다. 사전적 의미가 명쾌하게 하나만 있으면 좋겠지만, 여러 가지가 있는 경우 그중에서 하나를 골라내기가 쉽지 않다. 이런 경우에는 이 헬라어 단어가 실제로 사용된 본문을 찾아보아야 한다. 성구사전이나 관주성경에서 해당 본문을 차례로 살펴보면, 디아노이아가 '뜻'이라기보다는 '지성' 혹은 '분별력'

에 가까운 개념임을 알 수 있다.

찾아보면서 읽기가 가장 중요한 본문은 구약성경이 인용된 신약성경 말씀이다. 예수님의 시험 기사에서 예수님은 "주 너의 하나님을 시험히지 말라"(마 4:7, 눅 4:12)고 말씀하셨다. 이 말씀 자체는 그리 어렵지 않다. 하지만 도대체 왜 이 말씀을 하셨는지 의도는 알기가 쉽지 않다. 그 의도는 어떻게 알 수 있을까? 본문을 보면 이 말씀이 구약성경에서 인용되었음을 확인할 수 있다. "기록되었으되"라는 표현이 그것을 말해주고 있다. 또한 관주를 통해 이 말씀이 신명기 6장 16절을 인용했음을 확인할 수 있다. 그 말씀은 다음과 같다. "너희가 맛사에서 시험한 것같이 너희의 하나님 여호와를 시험하지 말고." 따라서 예수님의 말씀을 제대로 알기 위해서는 맛사에서 이스라엘 백성들이 어떻게 하나님을 시험했는지 알아야 한다. 맛사에서 이스라엘은 하나님께서 자신들과 함께하심('임마누엘'은 마태복음의 중요한 주제다)을 과연 물을 주시는가의 여부로 확인하려고 했다. 이런 시도는 근본적으로 하나님에 대한 불신을 내포하고 있기 때문에 하나님은 이스라엘에게 진노하셨다.

이것은 단지 하나의 예일 뿐이며, 그밖에도 신약성경은 수많은 구약성경의 인용으로 가득 차 있다. 예수님은 시험받을 때 신명기 말씀을 인용하면서 사탄의 시험을 물리치셨다. 이때 하신 세 가지 말씀이 각각 광야의 만나와 맛사와 금송아지 사건과 밀접한 관계가 있다. 그러므로 이스라엘이 출애굽하여 광야에 머물렀을 때 일어난 일을 충분히 알지 못한다면 예수님의 시험을 이해하기란 불가능하다. 반대의 경우도 동일하게 말할 수 있다. 만나 사건에 대해 설교하면서 예수님의 시험에 대해 언급하지 않는다면 충분한 설교를 했다고 보기 어렵다.

따라서 설교자는 설교를 준비할 때 진주를 찾는 심정으로 끊임없이 성경 곳곳을 찾아다녀야 한다. 이런 일은 스스로 하기 어려우므로 좋은 주석이나 해설서를 구비할 필요가 있다.

주석 고르기

설교를 준비하며 성경을 깊이 있게 읽고자 할 때는 좋은 주석이 필요하다. 어떤 이들은 주석에는 이미 주석가의 해석이 들어 있으므로 주석 없이 성경을 읽어야 한다고 주장하기도 한다. 만약 성경 원어에 능통하고 설교를 준비할 시간이 아주 넉넉하다면 그렇게 해도 된다. 하지만 대부분의 설교자는 신학적 훈련이 잘 되어 있지 않을 뿐만 아니라 설교를 준비할 시간도 아주 적다. 따라서 설교 준비에 주석의 도움은 필수적이다. 오히려 주석 없이 성경을 읽는 것이 훨씬 위험할 수 있다. 핵심적인 문제는 주석의 사용 여부가 아니라 어떤 주석을 사용할 것인지 정하는 것이다.

예전과 달리 좋은 주석이 많이 나와 있다. 이전에는 설교자들이 주석이 별로 없어서 설교 준비에 어려움을 겪었다면, 요즘에는 오히려 주석이 너무 많아서 고르는 데 어려움을 겪는다. 설교 준비 시간이 넉넉하면 여러 주석을 참조할 수 있겠지만, 그렇지 않은 상황에서 좋은 주석을 선별하는 것이 설교 준비에 요긴하다. 물론 좋은 주석을 정하는 데 절대적인 기준은 없다. 좋은 주석이라는 추천을 받아 구입했지만 별로 도움이 안 되는 경우도 있다. 각 주석마다 가지고 있는 장점을 파악하여 구입해야 한다.

지극히 당연한 말이지만 설교자에게 좋은 주석은 설교에 도움이 되는 주석이다. 그것을 어떻게 찾을 것인가? 창세기를 예로 들어 보자. 설교 본문을 여러 번 읽으면서 머리에 떠오른 질문들을 정리한다. 그 질문 목록을 가지고 날을 잡아 신학교 도서관에 가서 모든 창세기 주석들을 최대한 수집한다. 차례대로 해당 본문에 대한 주석을 살핀다. 제기한 질문에 설명을 제공하고 있는 주석이야말로 자신에게 가장 필요한 주석이다. 필요한 설명이 가장 많은 주석을 구입하여 그것을 중심으로 설교를 준비하면 된다. 아무리 설명이 많이 달린 주석이라 해도 정작 내가 궁금한 것에 대해서는 그냥 넘어간다면 소용없다. 이와 같은 방식으로 평소에 각 성경마다 자신에게 필요한 주석을 한 권씩 구비해놓으면 좋다.

기도하면서 읽기

중세 시대에 성경을 읽는 방법에는 크게 두 가지가 있었다. 하나는 대학에서 사용했고, 다른 하나는 수도원에서 사용했다. 대학에서는 성경을 읽은(lectio) 다음에 질문(quaestio)이 이어졌다. 수도원에서는 성경을 읽은 다음에 묵상(meditatio)과 기도(oratio)가 이어졌다. 둘 중에 무엇이 더 나은지는 말하기 어렵다. 각각 다른 장점이 있기 때문이다. 질문하면서 읽기에 대해서는 앞에서 다루었으므로 여기서는 기도하면서 읽기에 대해 살펴보겠다.

기도와 성경 읽기는 떼어놓고 생각할 수 없다. 너무나 당연한 말이지만 이러한 기본을 갖추지 못한 설교자가 점점 늘어가는 것 같다. 설교를 준비할 때 인터넷에서 예화 자료를 찾는 데는 많은 시간을 들이면서도 기도 시간은 따로 정해놓지 않는다. 가장 큰 이유는 설교 준비에 별 도움이 되지 않는다고 생각하기 때문이다. 머리로는 중요하다고 생각해도 실제로 돌아오는 유익이 눈에 보이지 않으니 기도에 시간을 투자하지 않는다.

장로교의 예배지침은 설교와 기도가 얼마나 밀접하게 연결되어 있는지 명확히 보여준다. 이 지침은 '설교 전의 공기도'와 '설교 후의 기도'를 다루고 있다. 설교 전의 기도문은 주로 죄에 대한 고백을 담고 있으며, 설교 후의 기도는 선포된 복음에 대한 감사가 주를 이룬다. 설교자는 예배 시간에는 공적으로 설교를 위해 기도하는 것 외에도 설교를 준비하면서 개인적으로 설교를 위해 기도하는 습관을 길러야 한다.

성경을 읽을 때 기도해야 하는 가장 근본적 이유는 성경이 하나님의 말씀이기 때문이다. 성경을 읽을 때 기도하지 않는 것은 성경을 인간의 문헌으로 받아들인다는 뜻이다. 성경을 정말로 하나님의 말씀으로 읽는다면 기도하지 않고는 읽을 수 없다. 성경의 진리는 오직 하나님만이 깨닫게 하실 수 있기 때문이다. 이것을 성령의 조명(照明)이라고 한다. 설교자는 성경 본문을 반복해서 읽으면서 성령의 조명을 위해 기도해야 한다.

"하나님, 이 말씀은 도대체 무슨 뜻입니까?"

"본문이 정말 이것을 의미합니까?"

"이 본문에서 오늘 우리 교회 성도들에게 선포하시고 싶은 교훈이 무엇입니까?"

"이 설교에서 무엇을 가장 강조해야 합니까?"

"이 설교에 비추어 볼 때 저에게, 저의 가정에, 그리고 우리 교회에 가장 부족한 점은 무엇입니까?"

"이 본문으로 설교할 때 꼭 필요한 다른 본문은 무엇입니까?"

"이 말씀에 순종하기 위해 교회가 구체적으로 할 일은 무엇입니까?"

"이 말씀에 순종하기 위해 우리에게 필요한 은사는 무엇입니까?"

이와 같이 기도하면서 성경을 읽을 때 하나님은 내게 때에 따라 필요한 은혜와 감동을 주셨다. 설교자는 설교를 준비할 때 이와 같은 은혜와 감동을 반드시 받아야 한다. 설교는 성례와 더불어 은혜의 외적 수단이다. 그런데 설교자 자신이 설교 본문에서 은혜를 경험하지 못하면서 어떻게 청중에게 은혜를 전할 수 있겠는가?

기도의 관점에서 볼 때 현대 주석들에는 치명적인 약점이 있다. 예를 들어 산상보훈의 팔복 중 "마음이 청결한 자는 복이 있나니 그들이 하나님을 볼 것임이요"(마 5:8)라는 구절을 살펴보자. 대부분의 주석이 '마음'이 무슨 뜻인지, '가난'이 무엇을 의미하는지, 이 구절이 문맥에서 어떤 역할을 하는지, 구약의 배경은 무엇인지 등에 대해 설명할 테니 설교자는 좋은 주석들을 찾아보며 많은 도움을 받을 수 있다. 실제로 팔복의 내용은 시편의 요약이므로 시편을 이해하지 않고 그 의미를 제대로 해석하기란 불가능하다.

하지만 문제는 "내 마음은 정말 청결한가?" "나는 실제로 하나님을 보았는가?"라는 질문이 빠져 있다는 것이다. 그 결과 독자들은 "하나님을 볼 것임이요"라는 성경 본문을 막연하게 인식하게 된다. "심령이 가난한 사람이 하나님을 볼 수 있다"는 것이 정말 하나님의 말씀이라면 마음을 어떻게 청결하게 해야 하는지, 어떻게 하나님을 볼 수 있는지 깊이 고민해야 한다. 그런데도 현대의 성경해석학은 성경을 이 시대를 향한 하나님의 살아 있는 말씀이라기보다 과거의 역사 문헌처럼 취급하는 경우가 적지 않다. 그런 점에서 설교자는 초대 교부들이나 종교개혁가들의 주석도 보면서 지속적인 도움을 받을 필요가 있다.

5 | 논지 찾기

잘 들리는 설교는 내용이 쉽다기보다 설교자가 말하려는 바, 즉 논지가 선명하게 드러나는 설교다. 논지가 간단하고 본문에 충실하며 신자의 삶과 밀접하고 참신할수록 잘 들리는 설교가 된다. 설교문의 모든 내용은 논지 강화에 적절히 사용되어야 한다.

논지: 말하고자 하는 바

설교 주제가 설교의 대상이라면 설교 논지는 설교가 '말하고자 하는 바'다. '무엇에 대해 말하는가'가 주제라면 '무엇을 말하는가'는 논지다. '예수님의 시험'이 설교의 대상이라면 "시험을 이기신 예수님께서 우리의 연약함을 도우신다"는 설교의 논지다. 여러 방법을 사용하여 설교 본문을 읽는 최종 목표는 본문의 논지를 찾는 데 있다. 앞에서 말했지만 논지가 선명하지 못하면 설교는 잘 들리지 않는다. 따라서 설교자는 선명한 논지를 찾을 때까지 설교 본문을 읽고 또 읽어야 한다.

일단 본문의 논지를 찾았다면 다음에 할 일은 그것을 설교문의 논지로 바꾸는 것이다. 이 둘은 아주 밀접하게 연결되어 있지만 또한 명백하게 구분되어야 한다. 특히 역사적 본문을 설교할 때 주의해야 한다. 이를테면 여리고성 정복 사건에서(수 6장) "그들을 진멸하라"는 하나님의 명령은 오늘날 우리에게 문자적으로 적용할 수 없다. 역사적 본문을 피상적으로 읽으면 성경 말씀은 "누구처럼(다윗처럼, 바울처럼) 살자" 식의 위인전으로 전락할 수 있다.

예수님의 시험 사건을 예로 들어보자(마 4:1-11). 이 본문의 논지는 간단하다. "예수님께서 사탄의 시험을 말씀으로 이기셨다." 본문에서 논지를 잘 찾아냈지만 이것 자체가 설교문의 논지가 될 수는 없다. 설교를 하기 위해서는 이것을 설교문의 논지로 바꿔야 한다. 이를테면 다음과 같다. "예수님처럼 우리도 사탄의 시험을 말씀으로 이길 수 있다."

본문의 논지를 정확히 찾기란 쉬운 일이 아니다. 익숙한 본문일수록 정확한 논지를 찾지 못하는 경우가 많다. 여러 가지 이유가 있겠지만 무엇보다 설교자가 자기 마음대로 본문을 읽었기 때문이다. 본문을 읽을 때는 본문이 말하는 바를 놓치지 않도록 주의해야 한다. 논지를 잠정적으로 정했더라도 과연 그 논지가 본문이 말하는 바인지 확인하고 설교문을 준비하는 가운데 검증해야 한다.

  처음에는 주석의 도움을 받아야 한다. 좋은 주석일수록 정확한 논지를 찾는 데 유용하다. 신학적 소양이 쌓이고 주석 능력이 향상되면 스스로 논지를 찾을 수 있어야 한다. 주석의 도움을 받더라도 주석이 제공하는 논지가 정말 맞는지는 설교자가 직접 점검해야 한다. 논지를 찾을 때 주의해야 할 사항을 몇 가지 예를 들어 설명해 보겠다.

예 1: 바다를 잠잠케 하신 예수님(막 4:35-41)

35 그날 저물 때에 제자들에게 이르시되 우리가 저편으로 건너가자 하시니
36 그들이 무리를 떠나 예수를 배에 계신 그대로 모시고 가매 다른 배들도 함께하더니
37 큰 광풍이 일어나며 물결이 배에 부딪쳐 들어와 배에 가득하게 되었더라
38 예수께서는 고물에서 베개를 베고 주무시더니 제자들이 깨우며 이르되 선생님이여 우리가 죽게 된 것을 돌보지 아니하시나이까 하니
39 예수께서 깨어 바람을 꾸짖으시며 바다더러 이르시되 잠잠하라 고요하라 하시니 바람이 그치고 아주 잔잔하여지더라
40 이에 제자들에게 이르시되 어찌하여 이렇게 무서워하느냐 너희가 어찌 믿음이 없느냐 하시니
41 그들이 심히 두려워하여 서로 말하되 그가 누구이기에 바람과 바다도 순종하는가 하였더라

본문의 내용은 간단하다. 예수님께서 바람과 바다를 꾸짖어 잔잔케 하셨다는 것이다. 그렇다면 설교의 논지는 무엇일까? 아마도 대개는 예수님을 믿으면 폭풍우 같은 어려움 속에서도 평안하게 살 수 있다는 논지로 설교할 것이다. 왜 그렇게 설교할까? 그런 설교를 이미 무수히 들어 고정관념이 생겼기 때문이다. 그렇다면 차라리 본문에 대한 지식이 없는 편이 낫다.

"고난 가운데서도 예수님을 믿으면 평안하다"는 논지 자체는 틀리지 않았다. 그런데 과연 본문이 그렇게 말하고 있는가? 바른 논지를 잡아내기 위해서는 본문을 정확하게 요약하는 것이 가장 중요하다. 본문의 핵심 줄거리를 요약하면 다음과 같다.

- 큰 광풍이 일어나서 죽게 되자 제자들이 몹시 무서워했다.
- 예수님께서 말씀으로 바람을 그치게 한 후 제자들을 책망하셨다.
- 제자들이 이전보다 더욱 두려워했다.

글을 어느 정도 읽을 수 있다면 누구나 할 수 있는 평이한 요약이다. 여기서 주목해야 할 사실은 예수님께서 바다를 잔잔케 하시고 나서 제자들이 평안해진 것이 아니라 오히려 이전보다 더욱 두려워했다는 것이다. 따라서 설교자는 예수님께서 바다를 잔잔케 하신 일보다는 왜 제자들이 죽음의 공포보다 더한 두려움을 느끼게 되었는지에 관심을 가져야 한다. 그것이 이 본문의 핵심이기 때문이다. 제자들이 두려워한 이유를 다음 구절에서 설명한다. "그가 누구이기에 바람과 바다도 순종하는가"(41절).

구약성경, 특히 시편을 알고 있었던 제자들은 이 질문에 대한 답을 잘 알고 있었다. 바람과 폭풍우를 다스리는 분은 주 여호와 하나님 외에는 없기 때문이다. 그렇다면 이들이 심히 두려워한 이유는, 자기 옆에 계신 예수님이 단지 선생이 아니라(38절) 유일하고 참되신 여호와 하나님일 수 있다는 생각이 들었기 때문이다. 그런 하나님께 책망을 들었는데 어떻게 두렵지 않겠는가? 결국 이 책망은 최후에 있을 엄중한 심판을 예고하고 있다.

이 본문에 따르면 폭풍우보다 더 무서운 것은 바로 하나님의 심판이다. 그렇다면 하나님의 정의로운 심판 앞에서 우리가 어떻게 온전할 수 있을 것인가, 이것이 이 본문의 핵심 질문이 되어야 한다. 하나님의 심판 앞에서 우리에게 필요한 것은 오직 믿음뿐이다. 본문은 폭풍우를 통해 하나님의 심판과 구원을 이야기하고 있다. 따라서 이 본문의 논지는 "말씀으로 바람을 그치게 하신 예수님은 하나님이시다"가 되겠다. 이것은 다음과 같은 설교문의 논지로 바꿀 수 있다. "예수님이 하나님이심을 진정으로 믿으면, 우리는 어떤 심판 앞에라도 두려움 없이 설 수 있다."

예 2: 나사로의 부활 (요 11:38-44)

38 이에 예수께서 다시 속으로 비통히 여기시며 무덤에 가시니 무덤이 굴이라 돌로 막았거늘
39 예수께서 이르시되 돌을 옮겨 놓으라 하시니 그 죽은 자의 누이 마르다가 이르되 주여 죽은 지가 나흘이 되었매 벌써 냄새가 나나이다
40 예수께서 이르시되 내 말이 네가 믿으면 하나님의 영광을 보리라 하지 아니하였느냐 하시니
41 돌을 옮겨 놓으니 예수께서 눈을 들어 우러러 보시고 이르시되 아버지여 내 말을 들으신 것을 감사하나이다
42 항상 내 말을 들으시는 줄을 내가 알았나이다 그러나 이 말씀 하옵는 것은 둘러선 무리를 위함이니 곧 아버지께서 나를 보내신 것을 그들로 믿게 하려 함이니이다
43 이 말씀을 하시고 큰 소리로 나사로야 나오라 부르시니
44 죽은 자가 수족을 베로 동인 채로 나오는데 그 얼굴은 수건에 싸였더라 예수께서 이르시되 풀어 놓아 다니게 하라 하시니라

본문은 예수님께서 죽은 나사로를 말씀으로 살리셨다는 내용이다. 이 내용은 우리에게 어떤 의미를 주는가? 우리도 예수님처럼 기도하면 죽은 사람을 살릴 수 있단 말인가? 예수님처럼 병든 사람을 고칠 수 있다면 죽은 사람도 살릴 수 있는 것이 아닌가? 그렇다면 장례식장에서 사랑하는 고인의 부활을 위해 열심히 기도하는 것이 참된 믿음이 아닐까? 그러나 예수님의 기적에 대해 이런 식으로 생각하는 것은 요한복음이 기록된 목적이 아니다.

설교의 핵심 논지를 벗어나지 않는 가장 좋은 방법은 본문이 속

한 책의 기록 목적을 잘 기억하는 것이다. 요한복음은 기록 목적을 아주 명료하게 밝히고 있다. "예수께서 하나님의 아들 그리스도이심을 믿게 하려 함이요 또 너희로 믿고 그 이름을 힘입어 생명을 얻게 하려 함"(요 20:31)이다. 그렇다면 나사로의 부활뿐만 아니라 요한복음의 다른 모든 본문도 이런 관점에서 보아야 한다.

나사로의 부활을 살펴보기 전에 성경 지식이 조금이라도 있는 청중이라면 이미 예수님께서 두 명이나 죽은 자 가운데서 살리신 적이 있음을 알 것이다. 누가복음 7장에서 예수님은 나인성 과부의 아들을 살리셨고, 8장에서는 야이로의 딸을 살리셨다. 나인성 사건으로 인해 예수님의 소문이 크게 퍼져 나갔다("큰 선지자가 우리 가운데 일어나셨다", 눅 7:16). 야이로 딸의 경우에도 비록 예수님은 그 일을 알리지 말라고 이르셨으나 지켜지지 않았을 것이다.

나사로의 누이 마르다와 마리아는 이 두 사건에 대해 알고 있었을까? 성경에 분명한 언급은 없지만 가능성이 매우 높다. 적어도 나인성 과부의 아들이 부활한 일은 알고 있었을 것이다. 나사로의 부활과 다른 점이 있다면 나인성 과부의 아들과 야이로의 딸은 죽은 지 얼마 되지 않은 반면에 나사로는 죽은 지 나흘이나 되어 시신에서 냄새가 날 정도로 부패했다는 것이다.

마르다와 마리아는 둘 다 예수님이 여기에 계셨더라면 나사로를 죽지 않게 하셨을 것이라고 믿었다(21, 32절). 심지어 일부 유대인들도 그와 같이 생각했다. "맹인의 눈을 뜨게 한 이 사람이 그 사람은 죽지 않게 할 수 없었더냐"(37절). 분명히 예수님은 나사로를 죽지 않게 하실 수 있었으나 그 일을 허용하셨다. 그 이유는 무엇인가? 이 질문에 대한 답이 나사로 본문의 핵심 주제가 될 것이다.

예수님께서 마르다와 마리아의 믿음을 어떻게 바꿔놓으시는지 자세히 살펴보자. 예수님은 이렇게 말씀하셨다. "나는 부활이요 생명이니 나를 믿는 자는 죽어도 살겠고 무릇 살아서 나를 믿는 자는 영원히 죽지 아니하리니 이것을 네가 믿느냐"(25-26절). 이 질문에 마르다가 "주여, 그러하외다. 주는 그리스도시요 세상에 오시는 하나님의 아들이신 줄 내가 믿나이다"(27절)라고 대답했다. 놀랍게도 마르다는 사도신경에 나오는 성자 예수에 대한 신앙고백을 정확하게 하고 있다. '주', '예수', '그리스도', '하나님의 아들', 이 단어들이 구체적으로 의미하는 바는 무엇인가? 말로 고백한다고 해서 그 의미가 동일한 것은 아니다. 같은 용어를 쓰더라도 성경의 교훈과 전혀 다른 내용을 고백하는 것일 수도 있다.

26절에 대한 예수님의 해석은 40절에서 드러난다. "네가 믿으면 하나님의 영광을 보리라"(40절). 하나님의 영광은 요한복음에서 매우 중요한 주제이므로 깊이 묵상할 필요가 있다.* 이 영광의 중요성

---

* Richard Bauckham, *Gospel of Glory: Major Themes in Johannine Theology* (Grand Rapids: Baker Academics, 2015).

은 요한복음 1장에서부터 등장한다. "말씀이 육신이 되어 우리 가운데 거하시매 우리가 그의 영광을 보니 아버지의 독생자의 영광이요 은혜와 진리가 충만하더라"(14절). 독생자의 영광은 예수님을 직접 본다고 해서 볼 수 있는 것이 아니다.

"예수님을 제대로 알고 믿으면 하나님의 영광을 본다"는 것이 이 본문의 중요한 논지다. 예수님을 믿는다는 것은 구체적으로 아버지께서 아들을 보내셨음을 믿는다는 의미다(42절). '영광'과 더불어 '보내심'과 '영접'은 요한복음에서 매우 중요한 주제이므로 눈여겨봐야 한다. 우리는 이 사실을 17장에 나오는 예수님의 대제사장 기도에서 확인할 수 있다. "영생은 곧 유일하신 참 하나님과 그가 보내신 자 예수 그리스도를 아는 것"이다(3절).

예 3: 바리새인과 세리의 기도(눅 18:9-14)

> 9 또 자기를 의롭다고 믿고 다른 사람을 멸시하는 자들에게 이 비유로 말씀하시되
> 10 두 사람이 기도하러 성전에 올라가니 하나는 바리새인이요 하나는 세리라
> 11 바리새인은 서서 따로 기도하여 이르되 하나님이여 나는 다른 사람들 곧 토색, 불의, 간음을 하는 자들과 같지 아니하고 이 세리와도 같지 아니함을 감사하나이다
> 12 나는 이레에 두 번씩 금식하고 또 소득의 십일조를 드리나이다 하고
> 13 세리는 멀리 서서 감히 눈을 들어 하늘을 쳐다보지도 못하고 다만 가슴을 치며 이르되 하나님이여 불쌍히 여기소서 나는 죄인이로소이다 하였느니라

> 14 내가 너희에게 이르노니 이에 저 바리새인이 아니고 이 사람이 의롭다 하심을 받고 그의 집으로 내려갔느니라 무릇 자기를 높이는 자는 낮아지고 자기를 낮추는 자는 높아지리라 하시니라

바리새인과 세리의 기도는 예수님께서 가르치신 아주 유명한 비유다. 본문을 대충 읽으면 이 본문의 주제가 '기도'라고 쉽게 결론을 내리고 말 수 있다. 그런 확신 가운데 본문의 논지를 "겸손하게 기도하면 하나님께서 응답하신다"로 생각하게 된다.

이제 질문을 던져보자. 예수님은 과연 우리에게 기도를 어떻게 해야 하는지 가르쳐주기 위해 이 말씀을 하셨을까? 기도는 이 본문에서 소재는 맞지만 주제는 아니다. 본문의 소재와 주제를 잘 구분해야 하는데, 이는 예수님의 비유를 설교할 때 특히 중요하다. 예수님은 이 비유에서 단지 기도라는 소재를 사용하셨을 뿐이다. 여기서 기도는 논지를 전달하기 위한 하나의 수단에 지나지 않는다. 따라서 이 본문에서 기도에 집중하면 중심 메시지를 놓치게 된다.

본문을 보면 예수님께서 누구를 염두에 두고 이 비유를 말씀하시는지 서두에서 분명히 밝히신다. "자기를 의롭다고 믿고 다른 사람을 멸시하는 자들에게"(9절). 또한 이 비유의 결론이 무엇인지 다음과 같이 선명하게 정리하신다. "내가 너희에게 이르노니 이에 저 바리새인이 아니고 이 사람이 의롭다 하심을 받고 그의 집으로 내

려갔느니라"(14절). 그렇다면 이 비유의 주제는 무엇인가? 그것은 바로 '의'다. "하나님은 어떤 사람을 의롭다고 선언하시는가"가 이 비유의 핵심 질문이다. 그러므로 이 본문으로 설교하면서 칭의 교리를 다루지 않는다면 제대로 된 설교라고 하기 어렵다.

주제를 제대로 파악하기 위해서는 주변적인 것과 핵심적인 것을 잘 구분해야 한다. 주제를 정확히 파악했다면 논지도 다음과 같이 확정할 수 있다. "하나님은 자신을 죄인이라고 고백하는 자를 의롭다고 선언하신다." 은혜로운 말씀이 아닐 수 없다. 다만 보다 깊이 살펴보면 뭔가 설명이 필요하다는 걸 느끼게 된다. 칭의는 기본적으로 법정에서 쓰이는 개념이다. 재판정에서 피고가 스스로 죄인임을 고백했는데, 그를 무죄라고 선고하는 판사는 이 세상에 존재하지 않는다. 그런 판사를 어느 누구도 정의롭다고 말하지 않을 것이다.

하나님의 판결이 어떻게 정의로운 판결이 되는가에 대해 충분한 설명이 필요한 대목이다. 하나님께서 하신 일이니 무조건 옳다는 식으로 설명하면 굳이 설교자가 필요하지 않을 것이다. 설교자는 하나님의 판결이 정의롭기 위해서는 무엇이 필요한지를 설명해줘야 한다. 아쉽게도 본문에는 충분한 설명이 나와 있지 않다. 심지어 주석을 찾아보아도 답을 얻기가 쉽지 않다. 이것은 이신칭의 교리를 충분히 이해해야 설명할 수 있는 일이다. 하나님께서 스스로 죄인이라고 고백하는 자를 의롭다고 선언하기 위해서는 그리스도의 속량으로 의가 충족되어야 하고, 그 죄인이 그리스도를 믿어야 하며, 그 믿음을 통한 의의 전가(轉嫁, imputation)가 있어야 한다는 점을 설명해야 한다. 그래야 예수님의 비유를 온전히 설명할 수 있다. 이런 경우 설교는 때로 본문의 한계를 벗어날 필요도 있다.

6 | 설교 서론 작성하기

서론에서는 지금 하는 이 설교를 청중이 들어야 할 이유, 즉 존재의 이유를 명확히 제시해야 한다. 그러자면 본문의 내용이 성도의 신앙생활에 얼마나 필요한지를 분명하게 보여주어야 한다. 또한 본문이 '어떻게' 말하고 있는지에 관심을 기울여야 한다.

서론의 목적: 설교의 존재 이유와 중요성 제시

설교 서론을 작성할 때 가장 신경 써야 할 부분은 청중이 이 설교를 들어야 할 이유를 명확히 제시하는 것이다. '무엇에 대해 이야기하는가'가 설교의 주제이고, '무엇을 이야기하는가'가 설교의 논지라면, '왜 이야기하는가'는 설교의 서론이라고 할 수 있다. 설교자는 서론에서 이 설교의 존재 이유를 잘 설명해야 한다. 그러자면 본문의 내용이 성도의 신앙생활에 얼마나 중요한지를 분명하게 보여주어야 한다.

　서론에서 본문의 중요성을 드러내기란 쉽지 않다. 어떻게 보면 모든 성경 본문이 하나님의 말씀이므로 어느 것 하나 중요하지 않은 게 없다. 하지만 서론에서 이 설교는 "하나님의 말씀이기 때문에 중요하다"는 식으로 말해버리면 설교에 대한 기대감이 떨어질 수 있다. 또한 모든 성경 본문이 하나님의 말씀이기는 해도 일률적으로 중요한 것은 아니며 모든 사람에게 동일하게 중요한 것도 아니다. 따라서 해당 본문이 특히 어떤 점에서 다른 본문보다 중요한지를 서론에서 제시해야 한다.

　서론을 잘 작성하기 위해서는 본문의 형식을 유심히 관찰할 필요가 있다. 논지를 찾기 위해 도대체 본문이 '무엇을' 말하려 하는지에 관심을 두었다면, 서론을 잘 쓰기 위해서는 본문이 '어떻게' 말하고 있는지에 관심을 기울여야 한다. 본문이 내용을 표현하는 방식에도 주의를 기울이는 것이다.

본문 자체가 본문의 중요성을 강조하는 경우

예 1: "내 목숨을 걸고…증언하시게 하노니"(고후 1:23-2:4)

> 23 내가 내 목숨을 걸고 하나님을 불러 증언하시게 하노니 내가 다시 고린도에 가지 아니한 것은 너희를 아끼려 함이라
> 24 우리가 너희 믿음을 주관하려는 것이 아니요 오직 너희 기쁨을 돕는 자가 되려 함이니 이는 너희가 믿음에 섰음이리
> 1 내가 다시는 너희에게 근심 중에 나아가지 아니하기로 스스로 결심하였노니
> 2 내가 너희를 근심하게 한다면 내가 근심하게 한 자밖에 나를 기쁘게 할 자가 누구냐
> 3 내가 이같이 쓴 것은 내가 갈 때에 마땅히 나를 기쁘게 할 자로부터 도리어 근심을 얻을까 염려함이요 또 너희 모두에 대한 나의 기쁨이 너희 모두의 기쁨인 줄 확신함이로라
> 4 내가 마음에 큰 눌림과 걱정이 있어 많은 눈물로 너희에게 썼노니 이는 너희로 근심하게 하려 한 것이 아니요 오직 내가 너희를 향하여 넘치는 사랑이 있음을 너희로 알게 하려 함이라

예문) 오늘 본문은 바울 사도에게 가장 중요한 문제를 다루고 있습니다. 그는 지금 이 일에 목숨을 걸고 있습니다. 도대체 어떤 일이길래 목숨을 거는 걸까요? 바울 사도가 그냥 한번 해본 소리는 아닐까요? 그렇지 않습니다. 바울은 지금 하나님을 증인으로 불러서 자신의 목숨을 걸며 말하고 있습니다. 이것은 당시 고대 근동 지역에 있었던 전형적인 자기 저주의 맹세입니다.

그런데 본문을 읽어보면 바울 사도가 언급한 내용은 목숨을 걸 만한 일이 아닌 것 같습니다. 이신칭의와 같이 복음의 본질을 다루는 진리 문제도 아닙니다. 그것은 기본적으로 바울의 목회 계획에 관한 일이었습니다. 바울 사도는 고린도 교회에 가기로 했는데 상황에 따라 계획을 바꿀 수밖에 없었고, 그 이유를 설명할 필요가

있었습니다. 그러면 그냥 설명하면 되지 왜 굳이 하나님을 증인으로 세워서 목숨까지 걸었을까요?

예 2: "눈물을 흘리며 말하노니"(빌 3:17-4:1)

> 17 형제들아 너희는 함께 나를 본받으라 그리고 너희가 우리를 본받은 것처럼 그와 같이 행하는 자들을 눈여겨보라
> 18 내가 여러 번 너희에게 말하였거니와 이제도 눈물을 흘리며 말하노니 여러 사람들이 그리스도의 십자가의 원수로 행하느니라
> 19 그들의 마침은 멸망이요 그들의 신은 배요 그 영광은 그들의 부끄러움에 있고 땅의 일을 생각하는 자라
> 20 그러나 우리의 시민권은 하늘에 있는지라 거기로부터 구원하는 자 곧 주 예수 그리스도를 기다리노니
> 21 그는 만물을 자기에게 복종하게 하실 수 있는 자의 역사로 우리의 낮은 몸을 자기 영광의 몸의 형체와 같이 변하게 하시리라
> 1 그러므로 나의 사랑하고 사모하는 형제들, 나의 기쁨이요 면류관인 사랑하는 자들아 이와 같이 주 안에 서라

예문) 오늘 본문에서 바울 사도는 빌립보 성도들에게 눈물을 흘리면서 말하고 있습니다. 그것도 이미 예전에 여러 번 했던 말입니다. 여러분, 제가 설교할 때 눈물을 흘리면서 말한다면 여러분은 어떤 생각이 들 것 같습니까? 어떤 경우에 목사가 눈물까지 흘리면서 설교를 할까요? 적어도 지금 전하는 내용이 빌립보 성도들에게 매우 중요하다는 것은 확실합니다. 바울은 지금 그 내용을 가장 효

과적으로 인식시키기 위해 눈물을 흘리며 말하고 있습니다. 눈물만큼 진정성을 보여줄 수 있는 것이 또 있을까요?

예 3: "원하고 원하였노라"(눅 22:14-23)

> 14 때가 이르매 예수께서 사도들과 함께 앉으사
> 15 이르시되 내가 고난을 받기 전에 너희와 함께 이 유월절 먹기를 원하고 원하였노라
> 16 내가 너희에게 이르노니 이 유월절이 하나님의 나라에서 이루기까지 다시 먹지 아니하리라 하시고
> 17 이에 잔을 받으사 감사 기도 하시고 이르시되 이것을 갖다가 너희끼리 나누라
> 18 내가 너희에게 이르노니 내가 이제부터 하나님의 나라가 임할 때까지 포도나무에서 난 것을 다시 마시지 아니하리라 하시고
> 19 또 떡을 가져 감사 기도 하시고 떼어 그들에게 주시며 이르시되 이것은 너희를 위하여 주는 내 몸이라 너희가 이를 행하여 나를 기념하라 하시고
> 20 저녁 먹은 후에 잔도 그와 같이 하여 이르시되 이 잔은 내 피로 세우는 새 언약이니 곧 너희를 위하여 붓는 것이라
> 21 그러나 보라 나를 파는 자의 손이 나와 함께 상 위에 있도다
> 22 인자는 이미 작정된 대로 가거니와 그를 파는 그 사람에게는 화가 있으리로다 하시니
> 23 그들이 서로 묻되 우리 중에서 이 일을 행할 자가 누구일까 하더라

예문) 성도 여러분, 여러분이 만약 오늘 본문의 예수님처럼 내일 죽는다면 무엇을 하시겠습니까? 아마도 평소에 가장 하고 싶었던 일을 하시겠지요. 무슨 일을 가장 하고 싶습니까? 자신이 곧 죽게 될 것을 잘 알고 계신 예수님은 죽기 전에 가장 하고 싶은 일을 하셨습니다. 바로 제자들과 함께 유월절 식사를 하는 것이었습니다.

오늘 본문은 이렇게 시작하고 있습니다. "내가 고난을 받기 전에 너희와 함께 이 유월절 먹기를 원하고* 원하였노라"(15절). 히브리 어법에 따르면 같은 단어의 반복은 최상급을 의미합니다. 예수님은 정말 간절하게 유월절 식사를 원하셨습니다.

여러분은 이 소원을 어떻게 생각하십니까? 말씀에 비추어 볼 때 한국 교회는 예수님의 이 소원에 너무 무관심한 것 같습니다. 대부분의 교회는 성찬식을 1년에 겨우 두어 차례 행할 뿐입니다. 그만큼 주님의 소원에 관심이 없다는 뜻일 테지요. 많은 신자들이 주님의 뜻을 알고 실천하기를 원한다고 입으로는 말하지만, 이렇게 성경이 분명히 증거하고 있는데도 실제로 주님의 소원을 실천하지는 않습니다.

주님의 간절한 소원에 교회가 이토록 무관심한 이유는 무엇일까요? 그것은 대부분의 교회들이 주님의 소원이 아니라 자신들의 소원을 추구하기 때문입니다. 많은 목사들이 소위 비전이나 꿈을 추구합니다. 비전과 꿈을 따르는 교회가 성찬에 관심을 가질 이유가 없습니다. 성찬식을 잘 수행하여 주님의 소원을 기리는 것을 비전이나 꿈으로 삼는 목회자는 거의 없을 테니까요. 교회를 성장시

---

* '원하다'에 해당하는 그리스어 '에피뒤미아'는 성적 욕망을 포함하는 매우 강렬한 용어다. 지금 예수님은 신랑으로서 세족과 성찬을 통해 신부인 사도들을 정결케 하여 결혼식을 하고 계신 것이다.

켜서 선교나 구제 같은 활동을 많이 하기를 주님이 가장 원하신다고 생각할 테니까요.

오늘 본문이 증언하듯이 성찬식은 단순한 예시가 아닙니다. 성찬은 주님이 간절히 하고 싶어 하신 일입니다. 여러분은 정말 주님이 원하시는 일을 하고 싶습니까? 그렇다면 오늘 본문을 통해 말씀하시는 그분의 음성에 귀를 기울여야 합니다. 오늘 본문을 통해 주님이 얼마나 이 식사를 원하시는지, 이 식사를 거부하는 자들에게 얼마나 엄중한 심판이 있는지 살펴보겠습니다.

본문 자체가 본문의 유일성을 강조하는 경우

예 1: "소망으로 구원을 얻었으매"(롬 8:24)

> 24 우리가 소망으로 구원을 얻었으매 보이는 소망이 소망이 아니니 보는 것을 누가 바라리요

성경에서 이 본문에만 '소망으로 구원을 얻는다'는 표현이 등장한다. 이 본문의 주제는 구원이며 구원은 성경의 가장 중요한 주제가 아닐 수 없다. 본문은 구원 얻는 방법에 대해 이야기하면서 소망이

얼마나 중요한지도 알려준다.

예문) 성도 여러분, 구원이 얼마나 중요한지는 굳이 제가 설명할 필요가 없을 것입니다. 문제는 어떻게 구원을 받는가입니다. 우리는 그 대답을 어느 정도 알고 있습니다. 우리는 믿음으로 구원을 받습니다. 그런데 오늘 본문에서 우리는 '소망으로 구원을 얻는다'는 표현을 봅니다. 여러분은 이 교훈을 어떻게 생각하십니까? 적어도 소망도 믿음만큼이나 신앙에서 중요한 요소라는 것은 확실합니다. 구원받는 삶에서 소망이 얼마나 중요한지 본문을 통해 살펴보겠습니다.

예 2: "소망의 하나님"(롬 15:13)

> 13 소망의 하나님이 모든 기쁨과 평강을 믿음 안에서 너희에게 충만하게 하사 성령의 능력으로 소망이 넘치게 하시기를 원하노라

"소망의 하나님"은 성경을 통틀어 이 본문에만 등장하는 표현이다. 하나님은 왜 소망의 하나님이신가? 하나님의 소망에 대해 생각해 본 적이 있는가?

예문) 오늘 본문에서 우리는 아주 특별한 문구를 발견합니다. 바로 "소망의 하나님"입니다. 많은 사람들은 이 표현이 성경에서 자주 등장한다고 생각할지도 모르겠습니다. 하지만 전혀 그렇지 않습니다. "소망의 하나님"이라는 표현은 이곳에서 유일하게 등장합니다. 따라서 이 본문을 모른다면 우리는 소망의 하나님에 대해 전혀 알 길이 없을 것입니다. 우리가 믿는 하나님은 소망의 하나님이십니다. 이것은 도대체 무슨 뜻일까요? 여러 가지 뜻이 있겠지만 적어도 하나님도 소망을 가지고 계시다는 건 확실합니다. 여러분은 여러분 자신의 소망에 관심이 많을 것입니다. 그런데 하나님의 소망에는 관심이 있습니까? 하나님의 소망과 여러분의 소망이 과연 일치한다고 확신할 수 있습니까? 오늘 본문을 통해 하나님의 소망이 무엇인지 정확히 인식하고, 그 소망이 여러분의 소망이 되기를 바랍니다.

예 3: 부자와 거지 나사로(눅 16:19-31)

19 한 부자가 있어 자색 옷과 고운 베옷을 입고 날마다 호화롭게 즐기더라
20 그런데 나사로라 이름하는 한 거지가 헌데 투성이로 그의 대문 앞에 버려진 채
21 그 부자의 상에서 떨어지는 것으로 배불리려 하매 심지어 개들이 와서 그 헌데를 핥더라
22 이에 그 거지가 죽어 천사들에게 받들려 아브라함의 품에 들어가고 부자도 죽어 장사되매
23 그가 음부에서 고통중에 눈을 들어 멀리 아브라함과 그의 품에 있는 나사로를 보고

24 불러 이르되 아버지 아브라함이여 나를 긍휼히 여기사 나사로를 보내어 그 손가락 끝에 물을 찍어 내 혀를 서늘하게 하소서 내가 이 불꽃 가운데서 괴로워하나이다
25 아브라함이 이르되 얘 너는 살았을 때에 좋은 것을 받았고 나사로는 고난을 받았으니 이것을 기억하라 이제 그는 여기서 위로를 받고 너는 괴로움을 받느니라
26 그뿐 아니라 너희와 우리 사이에 큰 구렁텅이가 놓여 있어 여기서 너희에게 건너가고자 하되 갈 수 없고 거기서 우리에게 건너올 수도 없게 하였느니라
27 이르되 그러면 아버지여 구하노니 나사로를 내 아버지의 집에 보내소서
28 내 형제 다섯이 있으니 그들에게 증언하게 하여 그들로 이 고통 받는 곳에 오지 않게 하소서
29 아브라함이 이르되 그들에게 모세와 선지자들이 있으니 그들에게 들을지니라
30 이르되 그렇지 아니하니이다 아버지 아브라함이여 만일 죽은 자에게서 그들에게 가는 자가 있으면 회개하리이다
31 이르되 모세와 선지자들에게 듣지 아니하면 비록 죽은 자 가운데서 살아나는 자가 있을지라도 권함을 받지 아니하리라 하였다 하시니라

성경에서 유일하게 중간기(죽음과 부활 사이)를 다루고 있으며 지옥에 관해 기록한 거의 유일한 성경 본문이다.

예문) 예상외로 성경은 죽음 이후의 삶에 대해 많은 교훈을 제공하지 않습니다. 성도 여러분, 지금 당장 죽으면 우리에게 어떤 일이 일어날까요? 이에 대해 성경은 무엇이라 말하고 있습니까? 오늘 본문은 이 질문에 가장 자세히 답하고 있는 거의 유일한 구절입니다. 죽음 이후에 대한 성경적인 답을 얻고자 한다면 본문의 말씀을 경청하시기 바랍니다.

예 4: "목사와 교사로 삼으셨으니"(엡 4:11)

> 11 그가 어떤 사람은 사도로, 어떤 사람은 선지자로, 어떤 사람은 복음 전하는 자로, 어떤 사람은 목사와 교사로 삼으셨으니

성경에 '목사'라는 단어가 등장하는 유일한 본문이다.

예문) 교회에서 '목사'는 흔하게 쓰이는 명칭입니다. 대다수가 성경에 목사라는 말이 많이 등장한다고 생각합니다. 하지만 실제로 목사라는 단어는 성경에서 오늘 본문에만 유일하게 나옵니다. 이 본문을 이해하지 못한다면 우리는 목사에 대해 제대로 된 교훈을 얻을 수 없습니다. 인터넷 검색을 조금만 해보아도 "목사는 성경에 없다"라고 주장하는 글들을 쉽게 찾아볼 수 있습니다. 그중에는 어느 정도 일리 있는 글도 있습니다. 오늘 설교를 통해 목사에 대한 성경적 가르침이 교회 안에 정착되기를 소망합니다.

의외성으로 청중의 관심 끌기

서론에서 본문의 중요성을 인식시키는 쉬운 방법 중 하나는 질문

을 잘 던지는 것이다. 설교자는 좋은 서론을 작성하기 위해 끊임없이 이 질문을 해야 한다. 성도들이 평소 잘 생각해보지 않은 질문들은 설교에 귀 기울이게 하는 데 효과가 있다.

예 1: "저주를 받을지어다"(갈 1장)

> …6 그리스도의 은혜로 너희를 부르신 이를 이같이 속히 떠나 다른 복음을 따르는 것을 내가 이상하게 여기노라
> 7 다른 복음은 없나니 다만 어떤 사람들이 너희를 교란하여 그리스도의 복음을 변하게 하려 함이라
> 8 그러나 우리나 혹은 하늘로부터 온 천사라도 우리가 너희에게 전한 복음 외에 다른 복음을 전하면 저주를 받을지어다
> 9 우리가 전에 말하였거니와 내가 지금 다시 말하노니 만일 누구든지 너희가 받은 것 외에 다른 복음을 전하면 저주를 받을지어다
> 10 이제 내가 사람들에게 좋게 하랴 하나님께 좋게 하랴 사람들에게 기쁨을 구하랴 내가 지금까지 사람들의 기쁨을 구하였다면 그리스도의 종이 아니니라 …

예문) 오늘 본문에서 바울 사도는 저주를 하고 있습니다. 그것도 두 번이나 반복하고 있습니다. 여러분은 이 저주를 어떻게 생각하십니까? 바울 사도는 말씀의 사역자입니다. 이 직무에 수종드는 사람이 저주를 할 수 있을까요? 굳이 저주하지 않고 축복만 설교해도 충분할 것 같은데 말입니다. 그런데 이 저주는 특별히 은혜의 복음이 아닌 다른 복음을 전하는 사람들을 향하고 있습니다. 다

른 복음을 전하는 것은 어떤 의미에서 우상 숭배나 살인보다 더 큰 죄라고 할 수 있습니다. 오늘 설교를 통해 다른 복음이란 무엇인지, 왜 그런 복음을 전하는 것이 저주를 받아 마땅한지 살펴보겠습니다.

예 2: 여리고성 재건과 히엘의 심판(왕상 16장)

> …34 그 시대에 벧엘 사람 히엘이 여리고를 건축하였는데 그가 그 터를 쌓을 때에 맏아들 아비람을 잃었고 그 성문을 세울 때에 막내아들 스굽을 잃었으니 여호와께서 눈의 아들 여호수아를 통하여 하신 말씀과 같이 되었더라

예문) 오늘 본문의 내용은 아주 간단합니다. 벧엘 사람 히엘이 여리고성을 건축하다가 첫째 아들과 막내아들을 잃었다는 것입니다. 그 이유는 무엇입니까? 여호수아가 여리고성을 다시 세우면 저주를 받는다고 예언했기 때문입니다. 더 이상 질문이 필요 없을 정도로 본문의 의미는 분명합니다. 하나님의 말씀을 어기는 것은 죽어 마땅한 죄입니다. 하지만 다른 성은 재건해도 되는데 왜 여리고성만 재건하면 안 될까요? 여리고성을 다시 세우는 것이 그렇게 두 아들이 모두 죽어야 할 정도로 악한 일일까요? 여리고성의 의미를 알지 못한다면 우리는 이런 질문에 제대로 답할 수 없습니다. 오늘

설교를 통해 여리고성이 가진 신학적 의미가 무엇인지, 왜 하나님은 여리고성을 재건한 히엘에게 그토록 저주를 내리셨는지, 그 저주를 통해 우리가 받을 교훈은 무엇인지 생각해보겠습니다.

예 3: 성전을 청결케 하신 예수님(마 21:12-17, 막 11:15-19, 눅 19:45-48)

> 12 예수께서 성전에 들어가사 성전 안에서 매매하는 모든 사람들을 내쫓으시며 돈 바꾸는 사람들의 상과 비둘기 파는 사람들의 의자를 둘러 엎으시고
> 13 그들에게 이르시되 기록된 바 내 집은 기도하는 집이라 일컬음을 받으리라 하였거늘 너희는 강도의 소굴을 만드는도다 하시니라
> 14 맹인과 저는 자들이 성전에서 예수께 나아오매 고쳐주시니
> 15 대제사장들과 서기관들이 예수께서 하시는 이상한 일과 또 성전에서 소리 질러 호산나 다윗의 자손이여 하는 어린이들을 보고 노하여
> 16 예수께 말하되 그들이 하는 말을 듣느냐 예수께서 이르시되 그렇다 어린 아기와 젖먹이들의 입에서 나오는 찬미를 온전하게 하셨나이다 함을 너희가 읽어 본 일이 없느냐 하시고
> 17 그들을 떠나 성 밖으로 베다니에 가서 거기서 유하시니라

예문) 오늘 본문에서 우리는 예수님께서 진노하시는 모습을 봅니다. 여러분은 진노하시는 예수님을 상상할 수 있습니까? 우리는 일반적으로 사랑의 예수님만 생각하는 경향이 있습니다. 예수님도 친히 '원수를 사랑하라'고 말씀하셨습니다. 그런데 지금 예수님께서 누구에게 진노하십니까? 성전에서 장사하는 사람들에게 진노

하십니다. 성전에서 장사하는 건 좋은 일은 아닙니다. 하지만 나쁘게만 볼 일도 아닌 것 같습니다. 적어도 그들은 사람들이 유월절 제사를 잘 지내도록 돕고 있었기 때문입니다. 자신을 십자가에 못 박은 자들을 정죄하지 말고 용서해달라고 기도하신 예수님입니다. 그렇다면 성전에서 그보다 훨씬 가벼워 보이는 죄를 짓고 있는 자들을 위해서는 기도하실 수 없었을까요? 오늘 설교를 통해 그들이 성전에서 장사한 일이 도대체 어떤 죄에 속하는지, 예수님은 왜 그렇게 진노하셨는지, 그분의 진노가 우리에게 주는 교훈은 무엇인지 살펴보겠습니다.

예 4: "만물의 마지막이 가까이 왔으니"(벧전 4:7)

7 만물의 마지막이 가까이 왔으니 그러므로 너희는 정신을 차리고 근신하여 기도하라

서론에서 효과적으로 문제 제기를 하는 방법 중 하나가 '그렇지 않다면'을 사용하는 것이다. 이런 표현은 시편에 자주 등장한다. "여호와께서 우리 편에 계시지 아니하셨더라면", "여호와께서 … 아니하셨더면". 성도들은 성경의 가르침에 너무나 익숙한 나머지 무슨 말씀이든 별 생각 없이 받아들이는 경향이 있다. 따라서 본문과 반대

되는 상황을 가정하고 질문을 하면 청중은 보다 주의 깊게 설교를 듣게 될 것이다. "만물의 마지막이 가까이 왔으니"라는 설교를 할 때, 만물의 마지막이 없다면, 또는 만물의 마지막이 멀리 있다면, 신자의 삶이 어떻게 달라질지 서론에서 질문해보자. 청중은 만물의 마지막이라는 문제를 보다 진지하게 생각하게 될 것이다.

예문) 오늘 본문은 우리에게 성경적 종말론을 아주 분명하게 가르치고 있습니다. "만물의 마지막이 가까이 왔으니." 여기서 우리는 종말에 관한 두 가지 사실에 주목하게 됩니다. 하나는 이 세상의 종말은 반드시 있다는 것이고, 다른 하나는 그 종말이 가까이 왔다는 것입니다. 이 사실에 대해 사람들은 어떻게 생각할까요?

일반적으로 불신자들은 종말이 아예 없다고 생각합니다. 이와 달리 대부분의 신자들은 종말이 있기는 하지만 아주 멀리 있다고 생각합니다. 성경의 가르침과 아주 상반된 입장입니다. 종말에 대해 어떤 생각을 가지고 있느냐에 따라 삶의 태도가 근본적으로 달라집니다. 종말이 있다고 생각하는 사람과 없다고 생각하는 사람, 종말이 멀리 있다고 생각하는 사람과 가까이 있다고 생각하는 사람이 어떻게 동일한 삶을 살 수 있을까요?

불신자들은 종말이 없다고 생각하기에 아무런 목적 없이 살아갑니다. 종말이 멀리 있다고 생각하는 신자들은 하나님을 믿지만 실제로는 하나님과 상관없이 자신의 뜻과 비전에 몰두하면서 살아갑니다. 그렇다면 오늘 본문이 가르치듯이 종말이 가까이 왔다고 믿는 성도들은 어떻게 살아가야 하는지 살펴보겠습니다.

나쁜 서론의 예

서론이 너무 긴 경우

의외로 상당수의 설교가 서론이 너무 길다. 설교 준비를 제대로 하지 않았거나 설교를 가볍게 생각하는 목사들이 흔히 하는 실수다. 서론이 길면 본론에서 말할 내용을 다 이야기해버리기 쉽다. 따라서 본론에 대한 기대감이 떨어지게 된다. 심지어 서론만 이야기하다가 본론은 제대로 다루지 못하고 마치는 경우도 적지 않다. 주로 이야기나 예화로 설교를 시작할 때 서론이 길어지는 경우가 많다. 그러므로 긴 예화로 설교를 시작하는 것은 적절치 않다.

좋은 서론을 작성하기 위해서는 서론의 목적을 분명히 인식해야 한다. 앞에서도 말했듯이 서론의 목적은 설교 주제의 중요성을 인식시키는 데 있다. 중요성을 인식시키기 위해 말을 많이 할 필요는 없다. 한두 포인트만 콕 집어 말해도 충분하다.

준비 없이 본론으로 들어가는 경우

서론의 기능 중 하나가 청중에게 본론을 들을 준비를 시키는 것이다. 준비되지 않은 상태에서 본론을 바로 들으면 설교를 소화하기가 버거울 수 있기 때문이다. 일단 설교자는 청중의 다수가 설교 본문을 잘 모른다고 가정해야 한다. 본문을 처음 접하는 청중도 있을지 모른다. 청중이 자주 접해보지 못한 본문을 설교할 때, 목사는 서론에서 청중이 설교를 들을 수 있게 준비시켜야 하다. 이를테면 본문에 '속량'이나 '칭의' 같은 다소 어려운 교의학적 단어가 나오면 미리 설명하는 것이다. 역사적 본문인 경우 상황 설명이 필요하고, 지명이 중요한 경우에는 성경의 지리에 대해 간략하게나마 소개하는 것이 좋다. 필요하다면 본문의 앞뒤 문맥을 간단히 설명하는 것도 서론에서 할 일이다. 하지만 서론을 제대로 준비하지 못했다면 어설픈 예화로 시작할 바에야 본론으로 바로 들어가는 것도 나쁘지 않다.

지나치게 흥미 위주인 경우

설교에서 청중의 관심을 끌기 위해 설교자는 개그나 유머를 사용하고 싶은 유혹에 빠지기 쉽다. 어쩌다 한번 썼는데 마침 청중의 반응이 좋으면 이런 방법을 애용하게 된다. 주로 부흥회나 수련회 집회의 강사들이 많이 쓰는 방법이다. 최근에는 동영상 설교가 보편화되면서 어떻게든 청중의 시선을 붙들기 위해 흥미 있는 이야기를 서두에서 꺼낸다. 이런 방식 자체는 나쁘지 않다. 조심스럽게 사용하면 유익할 수도 있다. 하지만 서론에서 관심을 끌기 위해 유머나 개그를 사용하는 것은 되도록 자제하는 것이 좋다. 심지어 아주 엽기적인 이야기를 예로 드는 경우가 있는데, 이는 오히려 설교에 집중하는 데 방해가 된다.

본문의 특정한 단어나 개념에 끼워 맞추는 경우
빌립보서 1장 27절 이하의 본문으로 설교할 때를 예로 들 수 있다. "오직 너희는 그리스도의 복음에 합당하게 생활하라." 본문이 '오직'이라는 단어로 시작하는 것에 착안해 서론을 구성하는 경우가 있다. '오직'의 중요성을 강조하기 위해 종교개혁의 다섯 가지 '오직' 개념을 가져와 서론을 시작하는 것이다. 문제는 종교개혁의 모토에서 말하는 '오직'과 빌립보서에서 말하는 '오직'이 전혀 다른 의미라는 데 있다. 단어가 같아도 그것이 의미하는 바가 상당히 다를 수 있는데 이를 무시하면 끼워 맞추기식 설교가 된다. 서론은 청중을 본문의 가장 중심적인 메시지로 이끄는 예나 질문으로 시작하는 것이 좋다.

본문의 핵심과 무관한 이야기를 하는 경우

예문) 지난주에 드라마 〈사랑의 불시착〉을 보았습니다. 정말 재미있었습니다. 특히 여배우가 참 예쁘더군요. 제가 아내에게 그 여배우보다 훨씬 더 예쁘다고 하니까 아내가 무척 좋아했습니다. 여러분도 평화로운 부부생활을 하는 데 참고하시기 바랍니다. 자, 이제 본문을 살펴볼까요?

설교단은 설교자가 하고 싶은 이야기를 하는 장소가 아니다. 그런데 의외로 적지 않은 설교자들이 소위 자기가 받은 은혜와 감동을 어떤 형식으로든 전하고 싶어 한다. 그것도 주로 설교를 시작할 때 경험담을 늘어놓는다. 때로는 그 이야기가 성도들에게 크게 유익할 수 있으나 간증과 설교는 구분되어야 한다. 설교 내용과 무관하게 개인이 경험한 일이나 생각하는 바를 이야기하는 것은 삼가야 한다.

너무 어려운 교리 문제를 상세히 다루는 경우

서론은 본문에서 다룰 주제를 미리 생각하고 준비시키는 자리가 되어야 한다. 설교를 시작하자마자 이신칭의를 언급하면서 신학적 논쟁으로 들어간다면 청중은 설교를 듣기도 전에 교리 문제에 압도

될 수 있다. 그런 사안은 본론에서 차근차근 다루어도 늦지 않다. 서론에서는 본문과 관련된 여러 질문들을 간단히 제기하고, 본론에서 그 답을 찾아갈 수 있게 구성한다.

청중을 한정짓는 경우

설교는 기본적으로 모든 청중을 향한 하나님의 말씀이다. 그런데 가끔 서론에서 설교 대상을 한정짓는 일이 일어난다. 대표적으로 "혹시 이런 상태에 있는 성도는 안 계십니까?"라고 묻는 경우가 그러하다. 설교자가 이렇게 질문해버리면, '이런 상태'에 있지 않은 성도는 그날 설교에 대한 관심이 줄어들 것이다.

또 설교자가 "여러분 중에 오늘 당장 천국에 가면 좋겠다고 생각하신 분들이 있을 텐데, 오늘 본문은 특별히 그런 분들을 위한 것입니다"라고 말했다고 가정해보자. 그렇게 생각한 성도들이 없지는 않겠지만 그 수는 많지 않을 테고, 결국 천국에 대해 정말 심각하게 생각해본 청중만 그날 설교에 관심을 갖게 될 것이다. 설교의 서론은 모든 청중이 관심을 가질 만한 내용으로 작성해야 한다.

설교 서론 작성시 주의할 점

- 너무 길지 않게 하라.
- 준비 없이 본론으로 들어가지 말라.
- 지나치게 흥미 위주로 흐르지 않게 하라.
- 본문의 특정한 단어나 개념에 끼워 맞추지 말라.
- 본문의 핵심과 무관한 이야기를 하지 말라.
- 너무 어려운 교리 문제를 상세히 다루지 말라.
- 청중을 한정짓지 말라.

7 본론 만들어 가기

본론은 성경 본문에 근거하여 논지를 설명하고 청중을 설득할 수 있게 작성해야 한다. 설교는 강의가 아니다. 본문을 잘 설명한다고 좋은 설교가 되는 것은 아니다. 설교의 궁극적인 목적은 설득이다. 청중을 이해시키려면 설명이 필요하지만 설득하려면 확신이 필요하다.

이해와 설득

서론을 다 작성했으면 이제 본론을 써야 한다. 서론이 '왜 이 설교가 중요한가'를 밝히는 자리라면 본론은 설교의 내용을 전개하는 자리다. 당연히 본론은 성경 본문에 근거하여 논지를 설명하고 청중을 설득할 수 있게 작성해야 한다. 설교는 강의가 아니다. 본문을 잘 설명한다고 해서 좋은 설교가 되는 것은 아니다. 설교의 궁극적인 목적은 설득이다. 청중이 설교를 잘 이해한 다음 말씀을 자기에게 적용하여 그 말씀대로 살아가기로 결심하게 만드는 것이 좋은 설교다.

청중을 이해시키려면 설명이 필요하지만 설득하려면 확신이 필요하다. 확신은 설교자가 어떻게 표현하는가에 따라 청중에게 아주 다르게 느껴진다. "하나님은 여러분을 사랑하십니다." 이는 설명이 필요하지 않을 정도로 분명한 논지다. 설교자는 이 논지를 무미건조하게 말할 수도 있고 감격스럽게 말할 수도 있다. 일반적으로 청중은 설교자의 목소리나 태도만 보아도 설교자가 확신하면서 설교하는지, 아니면 당위적으로 설교하는지 금방 안다. 또한 유창하기만 한 설교는 청중을 잘 이해시킬 수 있을지는 몰라도 확신을 주기는 어렵다.

이해와 설득이라는 관점에서 볼 때 설교와 설교자는 따로 떼어 놓고 생각할 수 없다. 대형 교회가 아닌 한 성도들은 목사의 삶에 대해 거의 다 알고 있다고 보아야 한다. 심지어 목사의 가정생활도 성도들에게 상당히 노출되어 있다. 이것은 목사라면 평생 짊어져야 할 짐이다. 목사가 자기 아내를 무시하고 있다는 사실을 모르는 성도들이 없는 마당에 "아내를 귀히 여기라"는 설교가 성도들에게 얼마나 확신을 주며 설득력을 갖겠는가? 오히려 반감만 불러일으킬 것이다. 어쩌면 성도들은 그 설교를 들으며 속으로 유명한 영화 대사를 따라 "너나 잘하세요"라고 말할지도 모른다.

성도들에게 설교 내용을 이해시키기 위해서는 연구가 필요하지만, 그들을 설득하기 위해서는 체험과 확신이 필요하다. 설교자 자신이 말씀을 체험하지 못했는데 어떻게 말씀으로 다른 사람을 설득할 수 있겠는가? 그러므로 설교자는 청중에게 확신을 주기 위해 무엇보다 말씀을 자신에게 적용해야 한다. 전도에 관한 설교를 아무리 열심히 해도 정작 목사 자신이 전도를 하지 않는다면 그 설교가 성도들에게 과연 설득력을 갖겠는가? 전도에 관한 설교를 한다면 최소한 그 주간에라도 실제로 전도를 해보아야 한다. 직접 전도하면서 얻는 교훈이 많을 것이다. 직접 전도하고 설교하는 것과 책상 앞에서만 준비하고 설교하는 것은 같은 내용을 전하더라도 같은 설교가 될 수 없다.

설교의 적용을 교회 전체에도 확장시켜야 한다. 설교자가 성찬에 관한 설교를 탁월하게 준비하고, 성도들이 그 설교를 듣고 성찬의 깊은 의미를 깨닫게 되었다고 치자. 하지만 그 교회에서 성찬을 1년에 겨우 한두 차례만 한다면 그 설교가 성도들에게 얼마나 확신을 줄 수 있겠는가? 결혼에 관한 설교도 마찬가지다. 가정의 달을 맞이하여 한 달에 걸쳐 결혼에 관한 설교를 시리즈로 할 수 있다. 하지만 교회 전체가 청년들의 결혼에 별 관심이 없다면 그 설교는 설득력을 갖지 못할 것이다. 또한 아무리 설교를 통해 청년의 중요성을 강조했더라도 청년부의 한 해 예산이 보잘것없다면, 그리고 성도들이 청년들을 그저 교회 일에 동원하는 만만한 일꾼으로 본다면, 그 설교 역시 청년들의 마음에 와닿지 못할 것이다.

설교가 진정성을 갖기 위해서는 설교자부터 회개해야 한다. 회개한 설교자는 청년의 중요성에 대해 다음과 같이 설교할 수 있을 것이다. "저는 이 본문을 읽으면서 청년들이 다음 세대의 교회를 세우는 데 정말 중요하다는 것을 절감했습니다. 그리고 저와 우리 교회를 돌아보았습니다. 과연 제가 청년들을 귀하게 여기고 있는가? 우리 교회는 청년들을 귀하게 보고 있는가? 안타깝게도 이 질문에 자신 있게 '네'라고 답할 수 없었습니다. 이 설교를 통해 우리 교회의 청년 사역이 한 번에 바뀔 수는 없을 테지요. 그러나 적어도 우리 교회 청년들이 새벽이슬 같은 존재임을 확신하고, 그들을 위해 우리가 지금부터 할 수 있는 작은 일이라도 찾아서 하나씩 실천하기를 소망합니다."

본문의 특성을 살리라

설교 본론에서는 본문의 특성이 잘 전달되어야 한다. 이 점에 유의하지 않으면 어떤 본문으로 하든 다 비슷비슷한 설교가 되고 만다. 본문 자체에 집중하고, 이 본문만의 특성을 찾고자 노력하며, 믿을 만한 주석들을 정독할 필요가 있다. 한 예로 열왕기하 20장 1-7절을 살펴보자. 이는 상당히 유명한 이야기로 히스기야 왕이 기도해서 병이 낫고 15년을 더 살게 되었다는 내용이다. 대부분은 이런 본문을 가지고 "기도하면 하나님께서 응답하신다"라는 논지로 설교를 한다. 물론 틀린 것은 아니지만 그렇게 설교를 하면 다른 유사한 본문으로 설교를 할 때도 거의 비슷한 설교가 나올 수밖에 없다. 이런 식의 설교는 불치병에 걸려 시한부로 살아가는 성도에게 자칫 희망고문이 될 뿐이다.

히스기야가 눈물을 흘리면서 열심히 기도하는 모습에 주목할 수도 있지만 더 중요한 것은 기도의 내용이다. 히스기야는 무엇을 기도했는가? 본문을 보면 적어도 그가 자기 병을 고쳐달라고 기도하지는 않았음을 확인할 수 있다. 3절을 보자. "여호와여 구하오니 내가 진실과 전심으로 주 앞에 행하며 주께서 보시기에 선하게 행한 것을 기억하옵소서 하고 히스기야가 심히 통곡하더라." 히스기야는 자신의 행위를 하나님께서 기억해달라고 기도했다. 이 기도는 일반 성도들이 쉽게 할 수 있는 기도가 아니다. 성경에 등장하는 기도가 다 똑같지 않다는 점만 기억해도 설교자는 본문의 독특함을 보다 쉽게 찾을 수 있다.

하나님께서 히스기야의 병을 고쳐주신 사실도 중요하지만 무엇을 위해 고쳐주셨는지도 정확히 알아야 한다. 6절은 히스기야의 기도에 대한 하나님의 응답이다. "내가 네 날에 십오 년을 더할 것이며 내가 너와 이 성을 앗수르 왕의 손에서 구원하고 내가 나를 위하고 또 내 종 다윗을 위하므로 이 성을 보호하리라 하셨다 하라 하셨더라." 이 구절에서 하나님의 관심이 어디에 있는지 분명히 드러난다. 바로 '이 성', 즉 예루살렘이다. 하나님은 '너와 이 성'을 구원할 것이라고 말씀하시고, 그 이유는 '나와 내 종 다윗'을 위함이라고 밝히신다.

이 말씀을 어떻게 적용할 수 있을까? 이 성 예루살렘은 오늘날 신약 교회를 가리킨다고 할 수 있다. 그렇다면 '내 종 다윗'은 궁극적으로 예수 그리스도를 의미한다. 따라서 신실하신 종 예수 그리스도를 위해 하나님께서 자신의 교회를 지키신다는 것이 이 본문의 주제다. 히스기야의 기도나 병 고침은 바로 이 주제를 드러내기 위한 보조 장치일 뿐이다.

앞에서 지적한 것은 마지막의 기독론적/교회론적 적용만 빼면 본문에 아주 분명히 나와 있는 일들이다. 하지만 성경을 읽으면서 왜 이런 점에 주목하지 못하는 것일까? 선입견을 가지고 성경을 읽으면 이런 정황이 눈에 들어오지 않는다. 그렇다면 빨리 성경 본문을 읽는 관점을 바꾸어야 한다. 관점을 바꾸는 가장 용이한 방법 중 하나는 이 본문에서 하나님께서 무엇을 행하시고, 무엇을 말씀하시고, 무엇을 원하시는가에 주목하는 것이다. 하나님 중심의 성경 읽기를 하지 않으면 본문에서 주제를 제대로 찾기란 불가능하다.

개인의 관심사를 너무 자세히 설명하지 말라

예: 스바의 여왕(왕상 10장)

1. 스바의 여왕이 여호와의 이름으로 말미암은 솔로몬의 명성을 듣고 와서 어려운 문제로 그를 시험하고자 하여
2. 예루살렘에 이르니 수행하는 자가 심히 많고 향품과 심히 많은 금과 보석을 낙타에 실었더라 그가 솔로몬에게 나아와 자기 마음에 있는 것을 다 말하매
3. 솔로몬이 그가 묻는 말에 다 대답하였으니 왕이 알지 못하여 대답하지 못한 것이 하나도 없었더라
4. 스바의 여왕이 솔로몬의 모든 지혜와 그 건축한 왕궁과
5. 그 상의 식물과 그의 신하들의 좌석과 그의 시종들이 시립한 것과 그들의 관복과 술 관원들과 여호와의 성전에 올라가는 층계를 보고 크게 감동되어
6. 왕께 말하되 내가 내 나라에서 당신의 행위와 당신의 지혜에 대하여 들은 소문이 사실이로다
7. 내가 그 말들을 믿지 아니하였더니 이제 와서 친히 본즉 내게 말한 것은 절반도 못되니 당신의 지혜와 복이 내가 들은 소문보다 더하도다
8. 복되도다 당신의 사람들이여 복되도다 당신의 이 신하들이여 항상 당신 앞에 서서 당신의 지혜를 들음이로다
9. 당신의 하나님 여호와를 송축할지로다 여호와께서 당신을 기뻐하사 이스라엘 왕위에 올리셨고 여호와께서 영원히 이스라엘을 사랑하시므로 당신을 세워 왕으로 삼아 정의와 공의를 행하게 하셨도다 하고
10. 이에 그가 금 일백이십 달란트와 심히 많은 향품과 보석을 왕에게 드렸으니 스바의 여왕이 솔로몬 왕에게 드린 것처럼 많은 향품이 다시 오지 아니하였더라

> 11 오빌에서부터 금을 실어온 히람의 배들이 오빌에서 많은 백단목과 보석을 운반하여 오매
> 12 왕이 백단목으로 여호와의 성전과 왕궁의 난간을 만들고 또 노래하는 자를 위하여 수금과 비파를 만들었으니 이같은 백단목은 전에도 온 일이 없었고 오늘까지도 보지 못하였더라
> 13 솔로몬 왕이 왕의 규례대로 스바의 여왕에게 물건을 준 것 외에 또 그의 소원대로 구하는 것을 주니 이에 그가 그의 신하들과 함께 본국으로 돌아갔더라 …

이 본문에는 스바의 여왕이 등장한다. 설교자는 스바의 여왕에 개인적으로 흥미를 느끼고 역사적, 지리적 배경 등에 대해 연구를 많이 할 수 있다. 그러다 보면 재미있는 여러 사실들을 발견하면서 그 내용을 설교 시간에 이야기하고 싶은 유혹에 빠지기 쉽다. 하지만 주변적인 것을 많이 언급하면 설교의 흐름에 방해가 된다. 본문은 스바의 여왕을 통해 솔로몬에 대해 이야기하고자 한다. 솔로몬이 주인공이고 스바의 여왕은 조연일 뿐이다. 스바의 여왕에 대해 장황하게 설명하고 나서 정작 솔로몬이 누군지를 말하지 않으면 바른 설교라고 할 수 없다.

따라서 설교를 하기 전에 솔로몬이 누구인지 알아야 한다. 솔로몬은 다윗의 아들이다. 그렇다면 솔로몬은 다윗의 아들(자손)로 오신 예수 그리스도의 표상이다. 마태복음 12장 42절은 이 사건에 대한 가장 분명한 해설이다. "심판 때에 남방 여왕이 일어나 이 세대

사람을 정죄하리니 이는 그가 솔로몬의 지혜로운 말을 들으려고 땅 끝에서 왔음이거니와 솔로몬보다 더 큰 이가 여기 있느니라." 남방 여왕이 솔로몬에게 지혜를 들으러 왔는데 이 땅에 있으면서 솔로몬보다 더 큰 인자에게 지혜를 듣지 않으면 멸망할 수밖에 없다는 것이다. 그렇다면 열왕기상 10장에서 스바 여왕의 역할은 그 당시 이스라엘 백성들의 불신앙을 책망하는 데 있음을 알 수 있다.

예수님(하나님)께 집중하라

설교가 하나님의 말씀이라면 설교 시간에 하나님에 대해 말하는 것은 너무나 당연한 일이다. 하나님에 대해 말한다는 것은 기본적으로 하나님이 누구시며, 무엇을 하시는가에 대해 말한다는 뜻이다. 그런데 하나님은 중보자 예수 그리스도를 통해 자신을 계시하셨으므로 우리는 예수 그리스도를 통해 하나님에 대해 말할 수 있다. 하지만 설교에서 이러한 기본이 잘 지켜지지 않는 듯하다. 설교 시간에 예수님보다는 인간에 대해 말하는 경우가 너무 많다. 설교가 하나님의 말씀이라는 가장 기본적인 사실을 놓치면 남는 것은 인간의 말밖에 없다.

예: 엠마오로 가는 두 제자(눅 24장)

··· 13 그날에 그들 중 둘이 예루살렘에서 이십오 리 되는 엠마오라 하는 마을로 가면서
14 이 모든 된 일을 서로 이야기하더라
15 그들이 서로 이야기하며 문의할 때에 예수께서 가까이 이르러 그들과 동행하시나
16 그들의 눈이 가리어져서 그인 줄 알아보지 못하거늘
17 예수께서 이르시되 너희가 길 가면서 서로 주고받고 하는 이야기가 무엇이냐 하시니 두 사람이 슬픈 빛을 띠고 머물러 서더라
18 그 한 사람인 글로바라 하는 자가 대답하여 이르되 당신이 예루살렘에 체류하면서도 요즘 거기서 된 일을 혼자만 알지 못하느냐
19 이르시되 무슨 일이냐 이르되 나사렛 예수의 일이니 그는 하나님과 모든 백성 앞에서 말과 일에 능하신 선지자이거늘
20 우리 대제사장들과 관리들이 사형 판결에 넘겨 주어 십자가에 못 박았느니라
21 우리는 이 사람이 이스라엘을 속량할 자라고 바랐노라 이뿐 아니라 이 일이 일어난 지가 사흘째요
22 또한 우리 중에 어떤 여자들이 우리로 놀라게 하였으니 이는 그들이 새벽에 무덤에 갔다가
23 그의 시체는 보지 못하고 와서 그가 살아나셨다 하는 천사들의 나타남을 보았다 함이라
24 또 우리와 함께한 자 중에 두어 사람이 무덤에 가 과연 여자들이 말한 바와 같음을 보았으나 예수는 보지 못하였느니라 하거늘
25 이르시되 미련하고 선지자들이 말한 모든 것을 마음에 더디 믿는 자들이여
26 그리스도가 이런 고난을 받고 자기의 영광에 들어가야 할 것이 아니냐 하시고
27 이에 모세와 모든 선지자의 글로 시작하여 모든 성경에 쓴 바 자기에 관한 것을 자세히 설명하시니라
28 그들이 가는 마을에 가까이 가매 예수는 더 가려 하는 것같이 하시니
29 그들이 강권하여 이르되 우리와 함께 유하사이다 때가 저물어가고 날이 이미 기울었나이다 하니 이에 그들과 함께 유하러 들어가시니라
30 그들과 함께 음식 잡수실 때에 떡을 가지사 축사하시고 떼어 그들에게 주시니
31 그들의 눈이 밝아져 그인 줄 알아 보더니 예수는 그들에게 보이지 아니하시는지라
32 그들이 서로 말하되 길에서 우리에게 말씀하시고 우리에게 성경을 풀어 주실 때에 우리 속에서 마음이 뜨겁지 아니하더냐 하고
33 곧 그때로 일어나 예루살렘에 돌아가 보니 열한 제자 및 그들과 함께한 자들이 모여 있어

34 말하기를 주께서 과연 살아나시고 시몬에게 보이셨다 하는지라
35 두 사람도 길에서 된 일과 예수께서 떡을 떼심으로 자기들에게 알려지신 것을 말하더라 …

예수님을 만나서 변화된 제자들에 중점을 두면서 수련회에서 단골로 사용되는 본문이다. 일단 설교 제목부터 "엠마오로 가는 두 제자"이고, 설교의 논지는 보통 "예수님을 만나면 변화된다"가 된다. 하지만 본문에 대해 진지하게 질문해보자. 과연 제자들이 단순히 예수님을 만났기 때문에 변화되었는가? 그들은 예수님을 실제로 만났지만 알아보지 못했다. 자신을 알아보지 못하는 두 제자에게 예수님은 어떤 방식으로 자신을 알리셨는가? 함께 길을 걸으며 구약성경을 통해 복음을 들려주시고, 집에서는 성찬을 통해 복음을 보여주셨다. 하지만 오늘날 대부분의 설교는 성찬에 대해서는 거의 침묵하고 있는 실정이다.

예문) 본문을 읽을 때 제자들이 아니라 예수님과 그분이 하시는 일에 주목하십시오. 그러면 예수님이 누구신지 확실히 알게 될 것입니다. 오늘 본문에 따르면 예수님은 누구십니까? 그분은 목자십니다. 목자가 하는 일이 무엇입니까? 아마 마음속으로 설교라고 답하는 분이 있을지 모르겠습니다. 만약 목사가 설교만 한다면 그 사

람은 좋은 성경교사는 될 수 있을지 모르지만 목자는 될 수 없습니다. 목사가 제대로 된 목사가 되기 위해서는 양들을 가르칠 뿐 아니라 신령한 양식과 음료로 먹여야 합니다. 가르칠 뿐 아니라 먹이는 일을 해야 진정한 의미에서 목사가 됩니다. 부활하신 주님은 부활하신 바로 그날 하루 종일 두 제자들에게 성경을 가르치시고 떡을 떼어 그들을 먹이셨습니다. 이것은 주님이 오실 때까지 신약 교회가 해야 할 일입니다.

도덕적 교훈에 치중하지 말라

본문을 설교할 때 하나님께 집중하지 않으면 성경 이야기는 위인전이 되기 쉽다. 성경의 인물을 단지 위대한 신앙인으로만 볼 때 하나님의 말씀을 이해하지 못하게 된다. 설교는 위인들의 잘한 일은 본받고 잘못한 일은 본받지 말자는 식의 도덕적 훈계가 되기 쉽다. 하지만 성경에는 이러한 단순 논리로는 이해하기 어려운 본문이 상당히 많다. 아브라함의 거짓말 사건이 대표적이다. 이 사건에서 거짓말은 아브라함이 했지만 심판은 아브라함이 아니라 아무것도 몰랐던 바로가 받았다. 따라서 이 본문은 권선징악이라는 관점으로는 이해할 수 없다. 하나님의 말씀인 성경은 단순히 도덕적 교훈을 넘어

선다는 점을 염두에 두어야 한다.

예 1: 아브라함의 거짓말(창 12장)

> … 10 그 땅에 기근이 들었으므로 아브람이 애굽에 거류하려고 그리로 내려갔으니 이는 그 땅에 기근이 심하였음이라
> 11 그가 애굽에 가까이 이르렀을 때에 그의 아내 사래에게 말하되 내가 알기에 그대는 아리따운 여인이라
> 12 애굽 사람이 그대를 볼 때에 이르기를 이는 그의 아내라 하여 나는 죽이고 그대는 살리리니
> 13 원하건대 그대는 나의 누이라 하라 그러면 내가 그대로 말미암아 안전하고 내 목숨이 그대로 말미암아 보존되리라 하니라
> 14 아브람이 애굽에 이르렀을 때에 애굽 사람들이 그 여인이 심히 아리따움을 보았고
> 15 바로의 고관들도 그를 보고 바로 앞에서 칭찬하므로 그 여인을 바로의 궁으로 이끌어들인지라
> 16 이에 바로가 그로 말미암아 아브람을 후대하므로 아브람이 양과 소와 노비와 암수 나귀와 낙타를 얻었더라
> 17 여호와께서 아브람의 아내 사래의 일로 바로와 그 집에 큰 재앙을 내리신지라
> 18 바로가 아브람을 불러서 이르되 네가 어찌하여 나에게 이렇게 행하였느냐 네가 어찌하여 그를 네 아내라고 내게 말하지 아니하였느냐
> 19 네가 어찌 그를 누이라 하여 내가 그를 데려다가 아내를 삼게 하였느냐 네 아내가 여기 있으니 이제 데려가라 하고
> 20 바로가 사람들에게 그의 일을 명하매 그들이 그와 함께 그의 아내와 그의 모든 소유를 보내었더라

예문) 이 본문은 이해하기가 쉽지 않습니다. 아무것도 몰랐던 바로는 큰 벌을 받고, 거짓말로 바로를 속였던 아브라함은 복을 받습니

다. 이런 상황을 도대체 어떻게 이해해야 할까요? 하나님의 자녀들은 무슨 짓을 하더라도 하나님께서 복을 주신다고 가르치는 것일까요? 그것은 아닐 것입니다.

여기에서 알 수 있는 것은 적어도 아브라함의 불신앙에도 불구하고 하나님께서 그에게 복을 주셨다는 사실입니다. 먼저 우리는 창세기가 도덕책이 아니라는 것을 기억해야 합니다. 창세기는 무엇보다도 하나님 나라의 역사를 기록한 역사책입니다. 그러므로 이 책에서는 도덕적 교훈이 아니라 하나님의 나라가 어떻게 설립되어 가는지 보여주는 것이 더 중요합니다. 우리는 그 속에서 하나님께서 자신의 백성을 어떻게 대하시는지 눈여겨보아야 합니다.

이 본문에 나타난 핵심 논지는 하나님께서 사라를 통해 얻게 될 약속의 씨를 보호하셨다는 것입니다. 오늘의 본문은 이러한 관점으로 보아야 그 참된 의미를 깨달을 수 있습니다.

예 2: 저주받은 게하시(왕하 5장)

> … 20 하나님의 사람 엘리사의 사환 게하시가 스스로 이르되 내 주인이 이 아람 사람 나아만에게 면하여 주고 그가 가지고 온 것을 그의 손에서 받지 아니하였도다 여호와께서 살아 계심을 두고 맹세하노니 내가 그를 쫓아가서 무엇이든지 그에게서 받으리라 하고
> 21 나아만의 뒤를 쫓아가니 나아만이 자기 뒤에 달려옴을 보고 수레에서 내려 맞이하여 이르되 평안이냐 하니

> 22 그가 이르되 평안하나이다 우리 주인께서 나를 보내시며 말씀하시기를 지금 선지자의 제자 중에 두 청년이 에브라임 산지에서부터 내게로 왔으니 청하건대 당신은 그들에게 은 한 달란트와 옷 두 벌을 주라 하시더이다
> 23 나아만이 이르되 바라건대 두 달란트를 받으라 하고 그를 강권하여 은 두 달란트를 두 전대에 넣어 매고 옷 두 벌을 아울러 두 사환에게 지우매 그들이 게하시 앞에서 지고 가니라
> 24 언덕에 이르러서는 게하시가 그 물건을 두 사환의 손에서 받아 집에 감추고 그들을 보내 가게 한 후
> 25 들어가 그의 주인 앞에 서니 엘리사가 이르되 게하시야 네가 어디서 오느냐 하니 대답하되 당신의 종이 아무데도 가지 아니하였나이다 하니라
> 26 엘리사가 이르되 한 사람이 수레에서 내려 너를 맞이할 때에 내 마음이 함께 가지 아니하였느냐 지금이 어찌 은을 받으며 옷을 받으며 감람원이나 포도원이나 양이나 소나 남종이나 여종을 받을 때이냐
> 27 그러므로 나아만의 나병이 네게 들어 네 자손에게 미쳐 영원토록 이르리라 하니 게하시가 그 앞에서 물러나오매 나병이 발하여 눈같이 되었더라

일반적으로 게하시가 문둥병에 걸린 이유를 탐심에서 찾는다. 이럴 경우 설교의 논지는 주로 "하나님은 남의 물건을 탐하는 자에게 벌을 내리신다"가 될 것이다. 물론 틀리지는 않지만 그것이 본문의 핵심 논지는 아니다. 이런 식으로 본문을 보면 이와 유사한 본문에 대한 설교는 모두 대동소이한 것이 되고 만다. 설교자는 "과연 하나님께서 탐심의 위험을 경고하기 위해 이 이야기를 기록하셨을까?"라는 질문을 던질 필요가 있다.

본문을 주의 깊게 살펴보자. 게하시의 주인 엘리사는 이렇게 말

한다. "내가 섬기는 여호와께서 살아 계심을 두고 맹세하노니 내가 그 앞에서 받지 아니하리라"(16절). 반대로 엘리사의 종 게하시는 이렇게 말한다. "여호와께서 살아 계심을 두고 맹세하노니 내가 그를 쫓아가서 무엇이든지 그에게서 받으리라"(20절). 성경 본문은 의도적으로 엘리사의 맹세와 게하시의 맹세를 대조하고 있다. 이 대조를 놓치면 게하시가 받은 벌의 성격을 제대로 이해할 수 없다.

왜 엘리사는 나아만의 선물을 절대로 받지 말아야 한다고 생각했고, 게하시는 그 선물을 반드시 받아야 한다고 생각했을까? 엘리사는 이스라엘의 적국 수괴(군사령관)에게 공짜로 하나님의 선물을 나누어 주었다. 게하시는 그것은 절대로 있을 수 없는 일이라 생각했다. 치료받아서는 안 될 사람이 치료를 받은 것도 억울한데 그에 대한 아무런 대가가 없다는 것을 용납할 수 없었다.

엘리사는 이스라엘의 원수에게 하나님의 절대적인 은혜의 복음을 선포했고, 게하시는 그것을 정면으로 거부했다. 결국 게하시는 다른 복음을 전하기를 원했던 것이다. 이것이 게하시가 저주를 받은 이유다. 바울 사도 역시 자신이 전한 복음(은혜의 복음, 갈 1:6) 외에 다른 복음을 전하면 저주가 있을 것이라고 두 번이나 선포했다(갈 1:8-9). 따라서 설교자는 설교의 논지를 "말씀 봉사자는 은혜의 복음을 선포해야 한다"로 정한 후, 본문을 통해 이 논지를 하나씩 설명해가야 할 것이다.

예 3: 양과 염소의 비유(마 25장)

> … 31 인자가 자기 영광으로 모든 천사와 함께 올 때에 자기 영광의 보좌에 앉으리니
> 32 모든 민족을 그 앞에 모으고 각각 구분하기를 목자가 양과 염소를 구분하는 것같이 하여
> 33 양은 그 오른편에 염소는 왼편에 두리라
> 34 그때에 임금이 그 오른편에 있는 자들에게 이르시되 내 아버지께 복 받을 자들이여 나아와 창세로부터 너희를 위하여 예비된 나라를 상속받으라
> 35 내가 주릴 때에 너희가 먹을 것을 주었고 목마를 때에 마시게 하였고 나그네 되었을 때에 영접하였고
> 36 헐벗었을 때에 옷을 입혔고 병들었을 때에 돌보았고 옥에 갇혔을 때에 와서 보았느니라
> 37 이에 의인들이 대답하여 이르되 주여 우리가 어느 때에 주께서 주리신 것을 보고 음식을 대접하였으며 목마르신 것을 보고 마시게 하였나이까
> 38 어느 때에 나그네 되신 것을 보고 영접하였으며 헐벗으신 것을 보고 옷 입혔나이까
> 39 어느 때에 병드신 것이나 옥에 갇히신 것을 보고 가서 뵈었나이까 하리니
> 40 임금이 대답하여 이르시되 내가 진실로 너희에게 이르노니 너희가 여기 내 형제 중에 지극히 작은 자 하나에게 한 것이 곧 내게 한 것이니라 하시고 …

이 비유는 누가 보아도 권선징악의 도덕적 교훈을 준다고 생각하기 쉽다. 은밀하게 착한 일을 하면 나중에 하나님께서 상을 주시고 악한 일을 하면 벌을 주시니 선을 행하고 악을 금해야 한다는 것을 설교의 논지로 삼는다. 실제로 인터넷 검색을 해보면 대부분의 설교 제목이 "당신은 양입니까, 염소입니까?" 식이다.

이 비유를 좀 더 구체적으로 살펴보자. 이 비유에는 예수님, 양, 염소, 그리고 형제 중 작은 자가 나온다. 의외로 우리는 "형제 중 작

은 자"에게 무관심하다. 형제 중 작은 자는 교회에서 무시당할 뿐 아니라 설교에서도 무시당하고 있다. 그 결과 많은 이들이 예수님의 말씀을 제대로 알아듣지 못한다. 비유의 등장 인물 중에 신자는 어디에 해딩할까? 당연히 형제 중 작은 자다. 이것만 알아도 이 비유가 의도한 바를 정확히 알 수 있다. 이 본문은 가난한 사람에게 착한 일을 하면 천당 간다는 도덕적인 가르침을 주는 것이 아니다. 이 본문의 핵심 논지는 "마지막 날에 의로우신 하나님께서 어떻게 심판하실 것인가"다.

양과 염소의 비유에 따르면 하나님은 어떻게 심판하시는가? 하나님은 예수님의 형제 중 가장 작은 자에게 어떻게 했느냐에 따라 심판하신다. 그냥 작은 자, 가난한 자가 아니다. 따라서 이 비유가 의도하는 바는 아무리 작은 신자라 할지라도 주님을 따르다가 헐벗고 굶주리고 갇히는 등 고난받을 때 소망을 가질 수 있다는 것이다. 그들에게 무관심한 자들에게는 하나님께서 엄중한 심판을, 그들을 환대한 자들에게는 확실한 영생을 주신다고 하지 않는가? 따라서 이 비유는 착한 일을 열심히 해서 오른편에 서는 사람이 되라는 말씀이 아니라, 어떤 어려움을 겪더라도 소망 가운데서 주님을 믿고 의지하는 형제가 되라는 말씀이다.

이 비유의 초점을 형제에게 맞춘다면 최후의 심판은 예수님을 믿는 사람들에게는 크나큰 위로가 된다. 그러나 이 본문을 통해 선한 일을 행하는 양이 되어야 한다든지, 오른편에 서야 한다든지 하는 독려만 한다면, 최후의 심판은 신자들에게 전혀 위로가 될 수 없다.

성급하게 적용으로 넘어가지 말라

본문의 내용을 성급하게 적용하거나 결론짓지 않도록 주의해야 한다. 수천 년 전에 쓰인 하나님의 말씀은 익히 다 아는 이야기지만, 그것을 오늘날 현대인에게 적용하기 위해서는 보다 섬세한 해석학적 과정이 필요하다. 그 과정을 일일이 설교 시간에 설명할 필요는 없지만, 설교를 준비할 때 주석 연구를 통해 충분히 살피고 고민한 다음 적용해야 한다.

예 1: '너희'는 다 '우리'를 지칭하는가?
성경 본문을 가지고 너무 쉽게 적용으로 넘어가는 대표적인 예로 '너희'를 정확히 해석하지 않는 경우를 들 수 있다. 성경에서 말하는 "너희"는 일반 신자일 수도, 불신자일 수도, 지도자일 수도, 선지자일 수도 있다. 문맥이나 정황을 충분히 고려하지 않으면 성경에서 말하는 '너희'를 너무나 쉽게 오늘날의 '우리', 즉 청중에 대입하게 된다. 따라서 성경 본문에서 '너희'가 일차적으로 누구인지 정확히 파악한 다음, 그것을 누구에게 적용할지 고민해야 한다. 예수님의 지상명령을 예로 들어보자.

> 너희는 가서 모든 민족을 제자로 삼아 아버지와 아들과 성령의 이름으로 세례를 베풀고…(마 28:19).

여기에서 말하는 '너희'는 정확히 누구인가? 앞의 문맥을 보면 알겠지만 '너희'는 가룟 유다를 뺀 열한 명의 제자들이다. 그렇다면 이 지상명령은 일차적으로 사도들에게 주어진 것이다. 사도들에게 준 이 명령을 일반 성도들에게 적용하려면 상당한 무리가 따른다. '너희'를 일반 성도에 적용할 경우 바로 이어지는 "아버지와 아들과 성령의 이름으로 세례를 베풀고"라는 구절은 어떻게 해석할 것인가? 일반 성도도 세례를 줄 수 있다는 말인가? 그러므로 지상명령이 일차적으로 사도들에게 주어졌다는 말씀은 오늘날 사도의 직무를 수행하는 목사에게 적용하는 것이 가장 자연스럽다. 성도들이 목사의 사역에 협력할 수는 있지만 목사가 하는 일, 곧 가르치는 것과 세례 주는 것은 직접 수행할 수 없기 때문이다. 지상명령에 나오는 '너희'가 누구인지에 대해서는 신중하게 해석해야 한다.

다음 구절을 하나 더 살펴보자.

그날에는 너희가 아무것도 내게 묻지 아니하리라. 내가 진실로 진실로 너희에게 이르노니 너희가 무엇이든지 아버지께 구하는 것을 내 이름으로 주시리라. 지금까지는 너희가 내 이름으로 아무것도 구하지 아니했으나 구하라. 그리하면 받으리니 너희 기쁨이 충만하리라(요 16:23-24).

이 본문도 마찬가지다. 많은 설교가들이 여기에 나오는 '너희'를 너무 쉽게 '우리'로 해석하며 기도를 강조한다. 설교는 대체로 다음과 같이 요약된다. "'우리'가 예수님의 이름으로 열심히 기도하면 응답을 받고, 그 결과 '우리'의 기쁨이 충만해집니다." 그러나 본문에서 말하는 '너희'는 과연 누구인가? 이것은 예수님께서 최후의 만찬 때 하신 말씀이다. 따라서 여기에서 말한 '너희'는 일차적으로 '우리'가 아니라 그 만찬에 참석한 열두 사도들을 가리킨다. 그렇다면 그날에 사도들이 예수님의 아버지께 예수님의 이름으로 기도하면 선물을 받을 것이고, 그 결과 기쁨이 넘친다는 말씀이다. 이 말씀은 무엇을 뜻하는가? 문맥상 "그날"은 오순절 성령 강림을 의미한다. 그날에 사도들은 성령을 구했고, 하나님 아버지는 그들의 기도에 응답하셨으며, 그 결과 그들은 큰 기쁨으로 가득해졌다.

예 2: 예수님의 세례(마 3장)

> … 13 이때에 예수께서 갈릴리로부터 요단 강에 이르러 요한에게 세례를 받으려 하시니
> 14 요한이 말려 이르되 내가 당신에게서 세례를 받아야 할 터인데 당신이 내게로 오시나이까
> 15 예수께서 대답하여 이르시되 이제 허락하라 우리가 이와 같이 하여 모든 의를 이루는 것이 합당하니라 하시니 이에 요한이 허락하는지라
> 16 예수께서 세례를 받으시고 곧 물에서 올라오실새 하늘이 열리고 하나님의 성령이 비둘기 같이 내려 자기 위에 임하심을 보시더니
> 17 하늘로부터 소리가 있어 말씀하시되 이는 내 사랑하는 아들이요 내 기뻐하는 자라 하시니라 …

예수님의 세례는 설교를 어떻게 적용할 것인가에 대한 좋은 예로 삼을 수 있다. 먼저 설교자는 적어도 예수님께서 세례받으실 때 무슨 일이 일어났는지 잘 알아야 한다. 전후의 배경도 이해한 다음 핵심 사항을 요약하여 설명할 필요가 있다. 예수님께서 세례를 받고 물에서 올라오실 때 1) 하늘이 열리고, 2) 성령이 임하시며, 3) 음성이 들렸다. "이는 내 사랑하는 아들이요 내 기뻐하는 자라"(17절).

세 번째 사항에 초점을 맞추어보자. 일반적으로 설교자는 너무 쉽게 "하나님은 우리를 당신의 사랑하는 아들이라고 말씀하십니다"라고 적용한다. 틀린 말은 아니지만 너무 성급하게 청중에게 적용한 것은 문제가 된다. "사랑하는 아들"은 하나님께서 예수님에 대해 하신 말씀이다. 말씀의 의미를 보다 정확히 이해하려면 이 표현

이 시편에서 인용된 것에 유의해야 한다. 따라서 이 말씀은 일차적으로 예수님께 먼저 적용되어야 한다. 설교자는 이 점을 분명히 파악한 다음 예수님께 적용된 말씀을 어떻게 우리에게 적용할 수 있는지 설명해야 한다. 사실 이것은 본문에 명확히 나타나 있지 않기 때문에 교리적이고 신학적 관점에서 설명하는 수밖에 없다.

예 3: "여호와는 나의 목자시니"(시 23편)

1 여호와는 나의 목자시니 내게 부족함이 없으리로다
2 그가 나를 푸른 풀밭에 누이시며 쉴 만한 물 가로 인도하시는도다
3 내 영혼을 소생시키시고 자기 이름을 위하여 의의 길로 인도하시는도다
4 내가 사망의 음침한 골짜기로 다닐지라도 해를 두려워하지 않을 것은 주께서 나와 함께 하심이라 주의 지팡이와 막대기가 나를 안위하시나이다
5 주께서 내 원수의 목전에서 내게 상을 차려 주시고 기름을 내 머리에 부으셨으니 내 잔이 넘치나이다
6 내 평생에 선하심과 인자하심이 반드시 나를 따르리니 내가 여호와의 집에 영원히 살리로다

시편 23편은 시편 말씀 중에서도 가장 유명하다. 이 설교의 논지는 쉽게 잡을 수 있을 것이다. "여호와는 나의 목자십니다." 또는 "하나님은 우리의 목자십니다." 그렇다면 적용은 어떻게 해야 할까? 아마 대부분은 이렇게 적용할 것이다. "하나님이 우리의 목자라는 사실을 믿으면 아무것도 걱정할 필요가 없습니다. 모든 것을 맡기고 걱

정 근심을 벗어버리십시오." 이런 적용은 틀리지 않았다. 성경 전체의 가르침에 아주 충실한 적용이다. 하지만 이 정도의 적용은 성경을 조금이라도 아는 성도라면 얼마든지 할 수 있다. 설령 시편 23편을 모른다고 해도 말이다.

그렇다면 본문을 이런 식으로 적용해보자. "여호와가 나의 목자라면 나는 어떤 존재인가?" 이에 대한 답은 아주 쉽다. "나는 여호와의 양이다." 그렇다면 여호와의 양은 어떻게 살아가야 하는가? 여기에서 설교자는 망설임 없이 목자가 인도하는 대로 사는 것이라는 적용을 끌어낼 것이다. 그 근거는 본문에서도 어느 정도 찾아볼 수 있다. 목자는 양들을 푸른 풀밭과 쉴 만한 물 가로 인도하고 또한 의의 길로 인도한다. 하지만 이 시편의 경우, 그 자체가 적용을 너무나 분명하게 가르쳐주고 있다. "내가 여호와의 집에 영원히 살리로다"(6절).

여호와의 양은 여호와의 집에 거해야 한다. 이것이 시편 23편의 결론이자 적용이다. 사실 이 결론은 이해하기가 그리 쉽지는 않다. 양은 양 우리 안에 살아야지 목자의 집에 살아서는 안 된다. 양은 개와 달리 반려동물이 아니다. 그렇다면 이것은 무엇을 의미하는가? 도대체 여호와의 집이란 무엇을 가리키는가? '성전'이라고 쉽게 답할 수 있을 것이다. 완전히 틀렸다고 할 수는 없지만, 이 시편의 저자가 다윗임을 안다면 시대를 감안했을 때 성전이 답이 아니라는 것을 금세 알 수 있다. 여기서 말하는 여호와의 집은 일차적으로 성막을 가리킨다. 성막의 중심에는 언약궤가 있고, 그곳에 하나님께서 임재하신다. 그렇다면 이 성막은 오늘날 무엇을 가리키는가? 바로 하나님의 말씀이 선포되는 교회를 가리킨다고 볼 수 있다. 언약궤 안에 십계명과 만나를 담은 항아리와 아론의 지팡이가 보관되어 있었다는 점을 기억한다면, 말씀과 성례와 권징이 있는 교회가 하나님께서 거하시는 참 교회라는 결론을 내릴 수도 있다.

문답을 통해 논리를 전개하라

본론에서 내용을 전개하는 가장 좋은 방법은 문답법이다. 어떤 경우에는 바로 답을 제시하는 것이 좋지만, 청중에게 질문하여 스스로 생각하게 한 다음 본문을 통해 답을 찾게 하는 것도 좋은 설득 방법이다. 물론 적절히 사용해야 하며 너무 쉽거나 너무 어렵거나 별로 흥미 없는 질문을 하지 않도록 주의해야 한다.

    문답법을 잘 활용하기 위해서는 설교자가 설교를 준비할 때 스스로에게 미리 질문을 최대한 많이 하는 것이 좋다. 어떤 질문이든 상관없다. 이렇게 질문하는 가운데 설교자는 본문뿐만 아니라 관련된 구절이나 주석을 보면서 여러 가지 답이나 통찰을 얻을 수 있다.

경우에 따라 너무 많은 답을 얻을 수 있는데 이때는 중요한 답을 추려내야 한다. 당연히 설교의 논지와 관계가 깊은 질문을 선정해야 한다. 질문을 선정한 다음에는 적재적소에 배정하거나 그 순서를 정한다.

예: "구원의 증거"(빌 1:27-28)

> 27 오직 너희는 그리스도의 복음에 합당하게 생활하라 이는 내가 너희에게 가 보나 떠나 있으나 너희가 한마음으로 서서 한 뜻으로 복음의 신앙을 위하여 협력하는 것과
> 28 무슨 일에든지 대적하는 자들 때문에 두려워하지 아니하는 이 일을 듣고자 함이라 이것이 그들에게는 멸망의 증거요 너희에게는 구원의 증거니 이는 하나님께로부터 난 것이라

이 구절에서 주제를 찾기는 상대적으로 쉽다. '증거'라는 단어가 두 번 등장하고("멸망의 증거", "구원의 증거"), '하나'라는 말이 두 번 등장한다(한 마음, 한 뜻). 따라서 설교자는 이를 중심으로 중심 주제를 찾을 수 있다. 이 본문에서 '구원의 증거'는 매우 중요한 교리적 주제다. 실제로 많은 성도들이 평소 구원의 증거에 관심을 가지고 있다. 이 본문은 "내가 구원받은 것을 어떻게 확신할 수 있는가?", 즉 구원의 확신이라는 주제를 다루고 있다.

구원의 확신이라는 주제를 찾아냈으면 설교자는 이 본문에 관

한 설교가 얼마나 중요한지를 설교 서론에서 청중에게 확신시켜야 할 것이다. 그런 다음에는 본문이 뭐라고 말하는지를 설명해야 한다. 여기서 잘 설명하지 못하면 서론에서 기대감에 부풀었던 청중은 금세 실망하고 말 것이다. 본문이 강조하는 바와 본문에 나타난 특성에 주목해야 생동감 있는 설교가 될 수 있다. 이를 위해 문답법을 사용해보자.

Q. 복음을 대적하는 자들의 비방 속에서 내가 구원받았다는 것을 어떻게 확신할 수 있는가?
A. 복음에 합당하게 살아감으로써 확신할 수 있다.
Q. 복음에 합당한 삶은 무엇인가?
A. 한 마음(프뉴마)과 한 뜻(프슈케)으로 복음 신앙에 협력하면서 대적자들을 두려워하지 않는 삶이다.

구원 자체와 구원의 확신은 구분해야 한다. 이는 철학적으로 존재론과 인식론으로 구별된다. 확신은 증거에 기초하는데 증거가 없으면 맹신이 되어버린다. 성경은 무조건적인 믿음이 아니라 증거에 기초한 믿음을 말한다. 본문에 따르면 개인이 신앙생활을 잘한다고 해서 이를 구원의 증거로 삼을 수 없다. 구원의 확신은 교회론적으로 이해해야 한다. 그런 점에서 오늘날 구원의 확신을 지나치게 개인적으로 이해하는 풍조에는 문제가 있다.

본문에 따르면 구원의 증거는 성도들이 한 마음과 한 뜻으로 복음 신앙을 위해 협력하면서 대적자들을 두려워하지 않는 것이다. 교회가 겉보기에 하나되는 것은 인간적인 노력으로 이룰 수 있지만, 남녀노소와 빈부귀천을 가리지 않고 모인 성도들이 진정으로 하나되는 것은 오직 하나님께서 주시는 은혜의 선물이다. 따라서 구원의 확신을 위해 성도 모두가 진정으로 하나된 교회에서 신앙생활을 하는 것이 중요하다.

대조/대구의 중요성을 인식하라

한 설교학 박사는 "반대말을 떠올릴 수 있어야 제대로 이해한 것이다"라는 말을 자주 한다. 대조 혹은 대구가 청중을 이해시키는 데 그만큼 중요하다는 뜻이다. 설교할 때 힘든 일 중 하나가 추상적인 개념을 설명하는 것이다. 이는 단지 단어 설명을 잘한다거나 좋은 예를 든다고 해서 해결되는 문제가 아니다. 오히려 개념에 혼동을 일으킬 수 있다. 이럴 때 가장 좋은 방법은 반대말을 사용하여 대조하는 것이다.

믿음을 예로 들어보자. 가장 기본적으로 참 믿음과 거짓 믿음을 대조할 수 있다. 그밖에 약한 믿음과 강한 믿음을 대조할 수도 있다. 참 믿음에 강한 믿음과 약한 믿음이 모두 포함될 수 있다는 것은 믿음을 이해하는 데 매우 중요하다. 조금 더 어려운 개념으로 '구원하는 믿음'이 있다. 반대말은 '구원하지 못하는 믿음'이 될 것이다. 여기서 중요한 것은 '구원하지 못하는 믿음'이 거짓 믿음이 아니라는 점이다. 정확히 말하면, 믿음은 믿음인데 구원과 상관없는 믿음을 의미한다. 이를테면 다음과 같은 믿음이다.

- 귀신의 신앙: 예수님이 하나님의 아들이며 하나님이 한 분이심을 믿고 그 사실로 인해 떨기도 하지만, 정작 예수님을 거부하기 때문에 구원받지 못한다.
- 여리고성 사람들의 신앙: 여호와 하나님께서 이스라엘 백성을 애굽과 바로의 손에 구하시고 홍해를 가르신 것을 믿고 그 사실로 인해 간담이 녹았지만, 오히려 성문을 굳게 잠갔기 때문에 구원을 받지 못한다.
- 병 고치는 믿음: 예수님을 믿으면 병이 낫는다고 믿고 실제로 병이 낫더라도, 그러한 믿음으로 구원에 이르는 것은 아니다.
- 기복신앙(이른바 '삼박자 축복' 혹은 '잘되는 나'): 열심히 기도하고 헌금하면 하나님께 복을 받는다고 믿지만, 이러한 믿음은 구원과 아무 상관없다.

- 일시적인 믿음(이른바 '수련회 믿음'): 신자의 마음이 일정 기간 동안 기쁨으로 충만할 수는 있지만, 그로 인해 구원에 이르는 것은 아니다.
- 사실에 대한 믿음: "하나님은 악인을 심판하신다"는 성경의 진리를 아무리 믿더라도, 그 믿음으로 구원받는 것은 아니다.

구원하는 믿음은 예수 그리스도 안에 계시된 하나님의 자비를 신뢰하는 것이다. 참고로 말하자면, 구원하는 믿음에 대해 웨스트민스터 신앙고백서는 다음과 같이 정리한다. "구원하는 믿음의 주된 작용은 은혜 언약의 효력에 의한 칭의, 성화, 영생에 대해 오직 그리스도만을 인정하고 영접하며 의지하는 것이다"(14장 2항). 이 문장만 알아도 성도들은 목사가 강단에서 구원하는 믿음에 대해 설교하는지, 아니면 구원과 상관없는 믿음에 대해 설교하는지 쉽게 분별할 수 있다.

본문에 충실하라

좋은 설교는 당연히 본문에 충실한 설교다. 하지만 본문에 충실하기가 말처럼 쉬운 것은 아니다. 언뜻 충실한 듯 보여도 실제로 그렇지 않은 경우도 많다. 설교자는 보다 치밀하게 본문에 집중하기 위해 노력해야 한다.

예: 본문에서 말하는 '나'(빌 2:1-4)

> 1 그러므로 그리스도 안에 무슨 권면이나 사랑의 무슨 위로나 성령의 무슨 교제나 긍휼이나 자비가 있거든
> 2 마음을 같이하여 같은 사랑을 가지고 뜻을 합하며 한마음을 품어
> 3 아무 일에든지 다툼이나 허영으로 하지 말고 오직 겸손한 마음으로 각각 자기보다 남을 낫게 여기고
> 4 각각 자기 일을 돌볼뿐더러 또한 각각 다른 사람들의 일을 돌보아 나의 기쁨을 충만하게 하라

보통은 이 본문에 근거한 설교 제목을 '나의 기쁨을 충만하게 하라'로 짓는다. 설교 제목은 아주 적절하고 의미도 분명히 전달되는 것 같다. 실제로 헬라어 원문에 따르면 "나의 기쁨을 충만하게 하라"는 구절이 맨 앞에 위치한다. 하지만 이 제목은 본문과 상관없이 얼마든지 다른 방식으로 해석될 수 있다.

본문을 해석하는 열쇠는 '나'라는 단어다. 별로 중요하게 보이지 않더라도 이 단어에 대한 개념을 정확하게 잡지 않으면 설교가 전혀 다른 방향으로 흐를 수 있다. 설교의 방향을 바르게 잡기 위해서는 본문의 일차적 의미에 초점을 맞추는 것이 중요하다. 본문에서

말하는 '나'는 누구인가? 적어도 본문에 따르면 '나'는 바울이다. 그런데 이 '나'를 성경을 읽는 나 자신을 의미한다고 생각하면, 그때부터 설교의 방향은 조금씩 틀어질 수밖에 없다. 이는 앞서 성급한 적용을 피해야 한다면서 든 예와 같다(123쪽 예 1).

'나'가 바울을 가리키는 것임을 알았다면 그 다음에는 바울이 누구인가를 질문해야 한다. 이 질문에는 여러 가지로 답할 수 있지만 본문에 충실한 답을 해야 한다. 그렇다면 그 답을 우선 빌립보서에서 찾아야 한다. 이 점만 기억한다면 질문에 대한 답을 쉽게 찾을 수 있다. 빌립보서 1장 1절에 따르면 바울은 "그리스도 예수의 종"이다. 물론 모든 신자가 예수님의 종이라고 할 수 있지만 바울은 특별한 의미에서 종이고, 이 종은 오늘날 '말씀 봉사자'를 의미한다. 그렇다면 본문의 "나의 기쁨을 충만하게 하라"는 말씀을 "말씀 사역자의 기쁨을 충만하게 하라"로 적용할 수 있다.

이 본문의 논지를 "말씀 사역자를 기쁘게 해야 한다"고 정한다면, 서론에서는 말씀 사역자를 기쁘게 하는 것이 얼마나 중요한지를 강조해야 한다. 말씀 사역자에게 참된 기쁨이 사라지면 복음의 능력이 사라지고 교회는 쇠망할 수밖에 없을 것이다. 그런데 말씀 사역자를 근심하게 하는 일은 무엇인가? 그것은 바로 성도들이 하나되지 못하고 싸우는 것이다. 그러므로 본문에서 참된 목사는 어떻게 기쁨이 충만해질 수 있는가에 대한 답을 다음과 같이 제시한다. "마음을 같이하여 같은 사랑을 가지고 뜻을 합하며 한 마음을 품[는]"(2절) 것이다.

성도들이 하나되는 데 가장 필요한 것은 무엇인가? 그것은 바로 겸손이다. 그런데 겸손이란 무엇인가? 본문에는 이 단어에 대한 설명이 나오지 않는다. 그래서 대부분의 설교자들이 일반적으로 설명하거나 다른 성경 본문을 인용하여 끼워 맞추기를 할 때가 많다. 이런 식으로 설명하면 틀리지는 않지만 설교의 힘이 약해진다. 최대한 본문 안에서 유추해야 본문이 말하는 겸손의 의미가 드러나고 설교는 힘을 갖게 된다.

본문에서 겸손은 '다툼이나 허영'과 대조를 이루고 있다. 따라서 여기서 말하는 겸손은 일반적인 의미의 겸손이 아니라 다툼과 허영과 대조되는 의미에서 겸손이라고 볼 수 있다. 이 점을 강조해야 본문에서 말하는 겸손의 의미가 살아난다. 이 본문만의 특별한 점을 강조하지 않으면 겸손에 대한 다른 본문으로 설교를 해도 그 내용은 엇비슷해지고 말 것이다. 교회가 하나되는 데 걸림돌이 되는 것이 다툼과 허영이고, 교회의 하나됨을 강화시키는 것이 겸손이라는 점을 분명히 해야 한다.

겸손의 의미가 본문에서 드러났다면 이제 그 겸손으로 어떤 삶을 살게 되는지 구체적으로 보여주어야 한다. 본문은 아주 분명하게 두 가지를 제시하고 있다. "자기보다 남을 낫게 여기고 각각 자기 일을 돌볼뿐더러 또한 각각 다른 사람들의 일을 돌보[며]"(3-4절) 살게 된다. 여기서 설교자는 계속해서 질문해야 한다. 남을 나보다 낫게 여기는 것이 쉬운 일인가? 전혀 그렇지 않음을 다들 경험해보았을 것이다. 특히 내 생각이 객관적으로 남보다 낫다고 생각하면 남을 나보다 낫게 여기기란 거의 불가능하다. 그런데 왜 남을 나보다 낫게 여겨야 하는가? 이것이야말로 교회의 하나됨을 실현하는 가장 효과적인 수단이기 때문이다.

마지막으로 "누가 이 일을 할 수 있는가?"라는 주제를 다루지 않을 수 없다. 이에 대한 답을 다음 문장에서 찾을 수 있다. "너희 안에 이 마음을 품으라"(5절)는 말씀으로 시작되는 유명한 구절이다. 이 구절은 그리스도의 삶이 무엇인가를 아주 분명하게 진술하고 있다. 결국 참된 예수님을 믿는 사람만이 겸손하게 남을 섬길 수 있다. 이렇게 연결지을 때 그리스도의 복음과 그리스도인의 삶이 얼마나 밀접한 관계를 갖는지 성도들에게 확실하게 인식시킬 수 있다. 이와 유사하게 다음 본문을 살펴보자.

> 이것이 너희의 간구와 예수 그리스도의 성령의 도우심으로 나를 구원에 이르게 할 줄 아는 고로(빌 1:19).

구원의 확신을 다루는 이 구절은 상당히 중요한 본문이다. 이 본문의 논지를 "기도와 성령의 도우심으로 구원의 확신을 가질 수 있다"로 잡는다면 어떨까? 틀리지는 않지만 구체성이 떨어진다. 질문을 던져보자. 이 본문에서 확신하는 이는 누구인가? 이것은 누구의 기도인가? 전자의 답은 바울이고, 후자의 답은 성도다. 그렇다면 다음과 같이 논지를 전개해볼 수 있다.

> **예문)** 말씀 사역자인 목사가 무엇을 통해 구원의 확신을 가질 수 있을까요? 성도의 수가 아니라 성도의 기도입니다. 비전의 성취가 아니라 성령의 도우심입니다. 저는 이 본문을 통해 성도의 기도가 제 구원의 확신에 얼마나 중요한지 처음으로 깨달았습니다.

대조를 사용하여 본문의 의미가 훨씬 더 선명하게 부각되고 있다. 설교를 보다 힘있게 하기 위해서는 성경 본문에 나타난 '나', '우리', '너희', '그들'과 같은 대명사가 구체적으로 누구를 지칭하는지 정확하게 확인해야 한다. 그래야 올바른 논지에 근거하여 본론을 전개할 수 있다.

본론을 다룰 때 주의할 점

- 본문의 특성을 살리라.
- 개인의 관심사를 너무 자세히 설명하지 말라.
- 예수님(하나님)께 집중하라.
- 도덕적 교훈에 치중하지 말라.
- 너무 쉽게 적용으로 넘어가지 말라.
- 문답을 통해 논리를 전개하라.
- 대조/대구의 중요성을 인식하라.
- 본문에 충실하라.

8 예시와 예화의 역할

설교의 내용을 청중에게 이해시키는 아주 좋은 방법은 예시를 사용하는 것이다. 예수님도 이 방법을 자주 사용하셨다. "공중의 새를 보라." "들의 백합화를 보라." 이 말씀을 들었던 청중은 실제로 공중에 나는 새를 보았을 것이고, 바로 옆에 피어 있는 백합화를 보았을 것이다.

예시와 예화

설교의 내용을 청중에게 이해시키는 아주 좋은 방법은 예시를 사용하는 것이다. 예수님도 이 방법을 자주 사용하셨다. "공중의 새를 보라." "들의 백합화를 보라." 예수님께서 이 말씀을 산에서 하셨다는 사실을 기억한다면(마 5:1), 이 말씀을 들었던 청중은 실제로 공중에 나는 새를 보았을 것이고, 바로 옆에 피어 있는 백합화를 보았을 것이다. 예수님은 이 예시들을 사용하여 당신이 자녀들을 먹이고 입히심을 확실히 증명하셨다. 설교에서는 이와 같은 예시를 적절히 사용해야 한다. 그래야 청중이 설교 내용을 훨씬 더 쉽게 이해할 수 있기 때문이다.

예화는 설교의 논지를 증명하기 위한 이야기를 의미하며 기승전결로 이루어진다. 예화에 대해서는 여러 가지 입장이 있다. 예화 세 편만 있으면 설교가 가능하다고 주장하는 예화 예찬론자들도 있다. 하지만 설교 대부분을 예화로 구성하면 예화가 주가 되고 성경 본문은 종으로 전락하고 만다. 더욱이 설교자가 예화 설교에 익숙해지면 하나님의 말씀을 깊이 있게 연구하기보다 인터넷에 떠도는 예화를 찾아 이리저리 헤매게 된다.

예시의 중요한 기능은 설교의 중요한 논지를 간명하게 뒷받침하는 것이다. 예화가 없어도 설교는 가능하지만 효과적인 설교는 거의 불가능하다. 다음 설교문을 검토해보자.

예문) 우리는 많은 선택을 하며 살아갑니다. 그리고 성숙하지 못한 선택의 결과로 후회할 때가 종종 있습니다. 올바른 선택만 할 수 있다면 우리의 인생은 살 만할 것입니다. 하지만 우리의 모습과 삶을 살펴보면 전혀 그렇지 못합니다. 오늘날 교회와 그리스도인이 비난의 대상이 된 것은 입으로는 하나님을 믿고 사랑한다고 고백하면서도, 예수님을 따른다고 말하면서도 정작 삶의 모습은 세상과 크게 다르지 않기 때문입니다. 바꿔 말하면 교회와 그리스도인의 선택이 세상의 선택과 크게 다르지 않습니다.

"인생에서 선택은 아주 중요하다"가 이 설교문의 논지다. 설교문의 내용 자체는 별 문제 없이 잘 정리된 편이다. 다만 여기에서 마쳤다는 점이 아쉽다. 인생에서 선택의 중요성을 모르는 사람은 없다. 이렇듯 누구나 이미 알고 있는 바를 청중에게 전달할 때 설교자는 보다 많은 고민을 해야 한다.

평범한 논지를 실감나게 전달하기 위해서는 적절한 예시가 필요하다. "순간의 선택이 10년을 좌우한다"는 유명한 광고 카피도 있지만 교회를 선택하는 것, 그리고 목회자를 선택하는 것은 우리의 인생을 결정할 뿐만 아니라 후손들의 신앙을 결정할 정도로 중요하다. 구체적인 예를 들어 이런 점을 증명하면 훨씬 더 큰 효과를 볼 것이다.

웨스트민스터 예배지침의 설교 항목

한국 장로교회의 근본은 웨스트민스터 표준문서라고 할 수 있다. 보통 신앙고백서와 대교리문답 및 소교리문답이 잘 알려져 있지만,

여기에는 교회정치규범과 예배지침도 포함된다. 신앙고백서가 성경의 가르침을 요약한 것이라면, 교리문답은 이것을 어떻게 교육할 것인가에 대한 답이고, 예배지침과 교회정치규범은 신앙고백서와 교리문답을 뒷받침하는 수단이라고 할 수 있다. 교리문답이 설교에 대한 가장 기본적인 내용을 정리했다면, 예배지침은 그 설교를 구체적으로 어떻게 해야 하는지에 대한 매뉴얼을 담고 있다. 그중에서 예시/예화에 대한 항목을 살펴보자.

> 논증이나 추론은 청중을 설득할 수 있을 정도로 견고해야 한다. 예시는 그것이 어떤 것이든 [그것들을] 밝히 드러내도록 해야 하며 (full of light), 청중의 마음에 영적인 기쁨(spiritual delight)과 함께 진리를 전달할 수 있어야 한다.

예배지침 작성자들은 설교에서 예시를 사용할 때 두 가지 기준을 제시한다. 하나는 진리를 드러내는 것이고, 다른 하나는 영적인 기쁨을 선사하는 것이다. 이것은 예시 사용의 중요한 지침이 된다. 설교의 논지를 강화시킬 수 있는 예시들은 거의 무한대로 많다. 물론 그중에서 설교자가 접할 수 있는 예시의 수는 제한된다. 그럼에도 불구하고 설교자는 하나의 예시를 선택해야 한다. 정말 좋다면 여러 개를 선택할 수도 있지만 되도록 하나를 선택하는 것이 좋다.

예시가 많을수록 효과는 오히려 떨어지기 때문이다. 그렇다면 어떤 것을 선택해야 할까?

예시는 논지를 밝히 드러내는 것이어야 한다. 논지는 기본적으로 추상적이기 때문에 청중이 쉽게 이해하지 못할 수 있다. 더욱이 생소한 신학 용어들을 설명하는 데 설교 시간을 많이 보낼 수는 없다. 이런 때 개념이나 논지를 쉽게 드러내는 예시를 선택하여 사용하면 좋다.

예를 들어 "하나님의 사랑은 언약적 사랑입니다"라는 논지를 설교한다고 생각해보자. '언약'은 그 주제로 책 한 권을 쓸 수 있을 정도로 풍성한 개념이다. 이럴 때는 언약에 가장 가까우면서 쉬운 예를 들면 좋다. 무엇이 있을까? 우리 일상생활에서 가장 쉽게 경험할 수 있는 언약은 결혼이다. 설교자는 결혼을 예시로 들어 하나님의 언약적 사랑을 아주 간단하게 설명할 수 있다. 결혼이라는 예시를 들지 않는다면 언약을 설명하는 데 적어도 5분 이상의 시간을 할애해야 할 것이다.

또한 예시는 청중에게 기쁨을 주어야 한다. 논지를 잘 드러내는 예시를 여러 개 찾았다면, 그중에서 기쁨을 주는 예시를 택해야 한다. 그런데 예시가 청중의 이해를 도우면 되었지 꼭 기쁨까지 주어야 하는 걸까? 여기서 말하는 기쁨이란 깨달음의 기쁨을 말한다. 단순히 본문의 의미를 이해할 뿐만 아니라 그 진정한 의미를 깨달을 때 청중은 기쁨을 느낀다. 이것은 예수님께서 가르치신 방법 중 하나다.

> 예수께서 성전에서 가르치실새 대답하여 이르시되 어찌하여 서기관들이 그리스도를 다윗의 자손이라 하느냐. 다윗이 성령에 감동되어 친히 말하되 주께서 내 주께 이르시되 내가 네 원수를 네 발 아래에 둘 때까지 내 우편에 앉았으라 하셨도다 하였느니라. 다윗이 그리스도를 주라 하였은즉 어찌 그의 자손이 되겠느냐 하시니 많은 사람들이 즐겁게 듣더라(막 12:35-37).

"그리스도는 다윗의 자손이 될 수 없다"가 예수님의 논지다. 하지만 이스라엘 백성들은 그리스도, 즉 메시아가 다윗의 후손으로 오실 것이라고 확신했다. 정작 다윗은 그리스도를 "내 주", 즉 하나님이라고 고백했다. 이 고백은 시편에서 아주 유명한 구절로서 이스라엘 사람이라면 누구나 아는 내용이었다(시 110:1). 예수님은 이 성경 구절에 근거하여 기존의 관념을 깨뜨리셨다. 그럴 때 청중은 "아, 우리가 잘못 알고 있었구나" 하며 예수님의 말씀을 즐겁게 듣기 시작했다.

적합하지 않은 예화

잘 알려지고 뻔한 예화 - 예: 외줄타기 곡예사

예문) 수많은 사람이 지켜보는 가운데 외줄타기 곡예사가 나이아가라 폭포 위에서 아슬아슬한 줄타기를 했습니다. 곡예사는 반대편에 무사히 도착해 큰 박수를 받은 후 말했습니다. "여러분, 제가 다시 건너편으로 갈 수 있다고 믿으십니까?" 그러자 사람들은 믿는다고 소리쳤고 곡예사는 다시 말했습니다. "저를 믿어주셔서 고맙습니다. 여러분 중 저와 같이 건너편으로 건너갈 분은 제 어깨에 올라타십시오."

그러나 지원자가 아무도 없었습니다. 잠시 후 한 소년이 손을 들었고, 곡예사는 소년을 어깨에 태우고 줄타기를 마쳤습니다. 사람들이 소년에게 물었습니다. "무섭지 않았니?" 소년은 웃으며 대답했습니다. "안 떨어질 줄 알았어요. 전 제 아버지를 믿거든요." 곡예사는 아들을 바라보며 빙그레 웃었습니다. 외줄 타는 아버지의 어깨 위에서 평안을 누릴 수 있는 아들의 믿음이야말로 참된 믿음이 아닐까요?

이 이야기는 워낙 유명한 예화로 설교 시간에 자주 등장한다. 마지막에 등장하는 극적 요소가 이 이야기의 특징이다. 그러나 이런 이야기는 이미 알고 있는 사람에게는 별 효과가 없다. 따라서 사용하지 않는 편이 낫다. 이 이야기를 마치 사실인 양 말하는 것은 더욱 위험하다. 예화집을 참조할 때 특히 이 점을 조심해야 한다. 구체적인 인명이나 연도, 장소가 나오지 않는 이야기는 거의 대부분 지어낸 것으로 보아야 한다.

인터넷에 떠돌아다니는 예화
구 소련 출신의 최초 우주 비행사 가가린 이야기도 설교 시간에 자주 언급되는 예시다. 가가린은 "우주를 비행할 때 하나님은 보이지 않았다"고 말한 것으로 유명하다. 당연히 그는 유물론을 따르는 공산주의자로 간주되었고, 비행기 추락으로 사망한 후에는 여러 가지 방식으로 그 이야기가 부풀려졌다. 그러나 실제로 그는 세례받은 정교회 신자였고 하나님이 살아 계심을 고백하는 사람이었다. 그 당시 흐루시초프 서기장이 반종교 캠페인을 주도하는 가운데 가가린이 "하나님은 보이지 않았다"는 말을 했다고 호도하면서 이 일화는 전 세계로 퍼져 나갔다.

비전문가의 견해
유명하고 인기 있지만 사실에 근거하지 않은 예화를 사용하는 경우도 많다. 너무 대중화되어 기정사실이라고 생각하는 것들이다. 대표적인 예가 '끓는 물속의 개구리' 비유다. 개구리를 뜨거운 물에 넣으면 바로 뛰쳐나오지만 찬물을 담은 냄비에 넣은 후 서서히 물의 온도를 높이면 자신도 알지 못하는 사이에 익어서 죽는다는 이야기다. 그럴듯하고 인상적이어서 많이 회자되지만, 이 역시 과학적 근거가 전혀 없는 이야기다.

청중과 거리감이 느껴지는 예화

> 예문) 코로나 19가 가정생활에도 여러 문제를 일으키고 있습니다. 일본의 경우 부부가 집에 있는 시간이 늘자 내적 갈등도 함께 늘면서 이른바 '코로나 이혼'이 늘어가고 있다고 합니다. 남아메리카 칠레의 수도 산티아고에는 가정폭력이 다섯 배로 늘었다고 합니다. 아직 우리나라에서 이러한 소식은 들려오지 않지만 우리나라라고 해서 예외는 아닐 것입니다. 이런 상황에서 성령님께서 주시고 만들어가시는 사랑이 우리에게 있음을 감사해야 합니다.

이 설교는 어려운 가운데서도 주님의 사랑으로 서로 사랑하면서 감사해야 하는 이유를 몇 가지 예를 들어 설명하고 있다. 비록 이 예들이 사실이라 하더라도 청중은 그다지 실감하지 못하며 그야말로 먼 나라의 이야기처럼 들을 것이다. 무엇보다 코로나 상황이 한국과 다른 나라가 현저하게 다르기 때문이다. 일본의 예도 거리감이 느껴지는 터에 칠레는 훨씬 더 그러하다. 무엇보다 우리나라의 예는 추측에 근거하고 있어 청중에게 신뢰감을 주기에 부족하다.

충격적이거나 자극적인 예화
설교의 효과를 극대화하기 위해 아주 극단적인 예시나 예화를 사용하는 경우도 있는데, 아무리 설교 논지에 부합하더라도 사용해서는 안 된다. 살인, 강간, 성폭행, 외계인 등과 같은 예가 이에 해당한다. 이런 예들은 불필요한 충격을 주어 오히려 설교를 듣는 데 방해가 된다. 특히 목사의 말을 듣지 않다가 죽을병에 걸렸다는 식의 예는 청중에게 공포와 저항감을 일으킬 수 있다. 교회에서 열심히 봉사했더니 사업이 번창하고 병도 나았다는 예들도 처음에는 호기심을 끌지 몰라도 반복하다보면 식상하게 들린다. 그러면 설교자는 점점 더 자극적인 예화를 찾는 데 시간을 보내게 될 것이다. 한편 청중은 설교 내용은 까맣게 잊고 극적인 예화만 기억한다.

드라마나 영화에 나오는 예화
목사가 설교에서 드라마나 영화에 나오는 예화를 사용하면 성도들은 어떤 생각이 들까? 교회의 분위기마다 다르겠지만 드라마나 영화 이야기를 너무 자주 하면 가볍게 보일 수 있다. 목사는 친근감을 보여주기 위해 그런 예화를 들었겠지만, 청중 가운데 그 드라마를 보지 않은 사람이 있다면 예화를 이해하지 못하거나 소외감을 느낄 수 있으므로 주의해야 한다. 심지어 목사가 설교 준비는 안 하고 TV만 본다는 오해를 살 수도 있다. 인기리에 상영되는 드라마를 예화로 들 경우, 오히려 청중이 설교에 집중하는 데 방해가 될 수도 있다.

좋은 예시/예화

가장 좋은 예화는 성경에 있다

설교 시간에 예화는 신중하게 사용해야 한다. 근거가 없거나 사실이 아닌 예화를 들 경우 설교 자체의 신뢰성이 떨어질 수 있기 때문이다. 예화의 신뢰성을 확보하려면 성경의 예화를 사용하는 것이 가장 좋다. 성경의 예화는 하나님 말씀의 일부분이므로 오류의 가능성이 없다. 또한 성도들이 대부분 어느 정도 알고 있는 내용이므로 세밀한 사항을 생략하고 핵심만 이야기해도 예화로서 충분히 제 역할을 할 수 있다.

성경에서 가져다쓸 수 있는 예화만 해도 그 수가 엄청나므로 예화집을 찾기 전에 성경부터 깊이 묵상할 것을 권한다. 그러자면 평소에 성경을 많이 읽어야 한다. 성경을 많이 읽기만 한다고 해서 적절한 예화를 찾을 수 있는 것은 아니다. 한두 시간 동안 대충 훑어보고 찾을 수 있는 것도 아니다. 설교 본문과 관련된 예화를 찾기 위해서는 많은 시간을 들이며 고민해야 한다.

베드로전서 4장 7-11절을 본문으로 설교한다고 가정해보자. "만물의 마지막이 가까이 왔으니 그러므로 너희는 정신을 차리고 근신하여 기도하라"(7절). 기도에 관한 이야기는 성경에 많이 나온다. 그런데 본문에서 강조하는 기도는 그냥 기도가 아니라 '정신을 차리고 깨어서 하는 기도'다. 더 나아가 이 기도는 종말(마지막 순간)과 밀접한 관계가 있다. 따라서 이 본문으로 실감나는 설교를 하기 위해서는 종말과 밀접하게 관련된 예화를 드는 것이 좋다.

일단 예수님의 기도를 생각해보자. 그리고 마지막 순간을 고민해보자. 그렇다면 예수님의 마지막 기도가 자연스럽게 떠오를 것이다. 그때 예수님은 베드로, 야고보, 요한, 세 제자만 데리고 산에 오르셨고 그들에게 깨어 기도하라고 명하셨다. 그리고 땀방울이 피가 되도록 간절히 기도하셨다. 그러나 제자들은 예수님의 명령에도 불구하고 잠들고 말았다. 따라서 이 예화는 본문을 설명하는 데 사용하기 아주 좋다. 무엇보다 이 서신을 쓴 사람이 베드로임을 강조한다면 예화는 더 큰 효력을 발휘할 것이다.

교회 역사 속에서 일어난 사건

교회사에는 설교에 쓸 수 있는 예화가 무궁무진하다. 교회사는 각 교회가 어떻게 설립되었는지, 어떻게 성장했는지, 어떻게 쇠퇴했는지 등에 대해 생생하게 기록하고 있다. 교회 선배들이 남긴 책들에는 성경을 이해하는 데 유용한 통찰이 많이 담겨 있다. 설교자라면 교회사 책을 늘 곁에 두고 시간이 날 때마다 읽기를 권한다. 교회사는 기본적으로 성경 해석의 역사다. 교회는 각 시대의 여러 도전들에 하나님의 말씀으로 응전했다. 그 기록을 보면 하나님의 말씀을 더욱 생생하게 이해할 수 있다. 무엇보다 교회 역사에서 오늘날 교회가 얻을 수 있는 교훈이 많다.

자신이 직접 경험한 일

성경이나 교회사에 나오는 예화 다음으로 신뢰할 만한 예화는 설교자 자신이 직접 경험한 일이다. 이와 같은 예화는 간접적으로 전해 들은 예화보다 청중에게 훨씬 더 신뢰감을 줄 수 있다. 이때 몇 가지 주의할 사항이 있다. 이와 같은 예화는 잘못하면 자기 자랑이 될 수 있다. 가족과 관련된 일을 설교 시간에 이야기하려면 먼저 가족에게 동의를 얻어야 한다. 일반적으로 목사의 가족은(특히 어린 자녀들) 자기 이야기가 설교 시간에 나오는 것을 극도로 싫어하기 때문에 조심해야 한다. 마찬가지로 교회에서 경험한 일이나 성도들에게 들은 일도 주의해서 전달해야 한다. 목사에게 지극히 사적으로 한 말이나 행동이 설교 시간에 전달된다면 성도들은 더 이상 목사를 신뢰하지 않을 수 있다.

"나오미가 아기를 받아 품에 품고 그의 양육자가 되니"(룻 4:16). 이 구절은 얼핏 보기에 평범하지만 룻기를 이해하는 데 매우 중요하다. 룻기 1장에서 남편과 자식을 다 잃은 나오미가 마지막 장에서 이방 여인 룻을 통해 후손을 얻는다는 내용을 요약하고 있기 때문이다. 이와 같은 룻기 4장은 유아세례식을 위한 좋은 본문이 될 수 있다.

> 예문) 본문을 보십시오. 나오미가 아기를 받아 품에 안았습니다. 그 기분이 어땠을까요? 저는 첫 손주가 유아세례 받은 때를 잊을 수 없습니다. 저는 그 당시 코로나로 인해 첫 손주가 태어나도 만나지 못하고 사진과 동영상으로만 보다가 유아세례식에서 처음으로 직접 보았습니다. 딸이 손주를 제 품에 안겨주었는데 그때의 감정은 말로 다 표현할 수 없습니다.

설교자는 평범하게 보이는 구절이라도 주석이나 좋은 설교집을 통해 그 신학적 의미를 잘 이해하고, 자신의 경험을 살려서 좋은 예시로 사용하는 능력을 길러야 한다.

고전같이 권위 있는 책에 나온 내용

인터넷과 대중매체보다는 고전같이 권위 있는 책에 나온 예화를 사용하는 것이 좋다. 유명한 고전은 일반 성도들도 어느 정도 알고 있으므로 예화로 사용하기에 용이하다. 많은 예화보다는 깊이 있는 예화가 설교의 신뢰성을 높인다. 고전은 성도들에게 통찰을 더해주므로 설교자는 평소 여러 분야의 책을 독서할 필요가 있다. 그런 점에서 목사에게 인문학적 소양은 대단히 중요하다.

9 어떻게 적용할 것인가?

"이 글이 오늘 너희 귀에 응하였느니라." 예수님의 이 선포야말로 설교의 본질이 무엇인지 단적으로 보여준다. 이사야의 '이 글'은 예수님을 통해 청중의 귀에 응했다. 과거의 본문이 설교자의 해석을 통해 청중에게 이루어지는 것이 바로 설교다.

적용의 중요성

누가복음 4장에는 예수님의 첫 설교가 나온다. 예수님께서 고향 나사렛에서 하신 설교이며, 본문은 이사야 61장이다. 이 본문은 다음과 같이 시작한다. "주의 성령이 내게 임하셨으니…"(18절). 예수님은 회중 앞에 서서 성경을 낭독하신 다음 앉아서 설교를 하셨다. 설교의 핵심은 아주 간단했다. "이 글이 오늘 너희 귀에 응하였느니라"(21절). 예수님의 이 선포야말로 설교의 본질이 무엇인지 단적으로 보여준다. 예수님이 지칭하신 '이 글'은 당시로부터 약 800년 전에 이사야 선지자가 이스라엘 백성에게 선포한 예언이다. 이사야의 '이 글'은 예수님을 통해 청중의 귀에 응했다(fulfilled). 과거에 쓰인 본문이 설교자의 해석을 통해 오늘 청중에게 이루어지는 것이 설교다. 이 동일한 작업은 이후로 2천 년이 지난 오늘날까지 설교자를 통해 이루어지고 있다. 설교자는 이사야 선지자의 글을 예수님의 말씀을 통해 오늘날 청중에게 전해야 한다.

예수님과 동일하게 목사는 오늘 청중에게 "이 글이 오늘 여러분의 귀에 응했습니다"라고 선언할 수 있다. 그것이 오늘 청중에게 어떤 의미를 갖느냐가 중요하다. 설교자가 감당해야 하는 이 작업은 물론 대단히 어렵다. 한두 시간의 QT로 해결할 수 있는 문제가 아니다. 과거에 대한 해석만 있고 오늘 청중에게 적용함이 없다면, 그것을 온전한 설교라고 할 수 없다.

"나는 이 말씀대로 해보았는가?" - 자신에게 먼저 적용하기

설교의 적용에서 가장 중요한 것 하나만 꼽으라면 나는 주저 없이 '설교자 자신에게 먼저 적용하기'라고 말한다. 이것은 설교학 교과서마다 예외없이 강조하는 바다. 하지만 의외로 대부분의 설교자들이 정작 자기에게는 적용하지 않고 설교만 한다. 그럴 때 설교는 뜬구름 잡는 이야기가 되기 쉽다. 설교를 자신에게 적용할수록 적용은 훨씬 더 큰 힘을 얻는다.

설교 실습 시간에 설교 발표가 끝나면 나는 학생들에게 항상 이렇게 질문한다. "자네는 이렇게 해보았는가?" "정말로 그렇게 생각하는가?" 이 질문에 자신 있게 답하는 학생을 본 적이 거의 없다. 설교 준비를 하는 동안 어떻게 설교 내용을 잘 전달할지만 고민했지, 그것을 어떻게 자신에게 적용할지는 전혀 고민하지 않았기 때문이다. 심지어 학생들은 설교 발표를 마치고 나면 항상 동일한 질문을 받는다는 사실을 알면서도 대답을 제대로 하지 못했다.

한두 가지 예를 들어보겠다. 한 학생이 "항상 기뻐하라"는 제목으로 열심히 설교를 했다. 이 빌립보서 본문은 많은 성도들이 익히 아는 말씀이다. 설교가 끝난 후 나는 지도교수로서 그에게 질문했다. "○○○ 전도사님, 설교를 열심히 들었는데도 제 마음속에 기쁨이 생기지 않는데 어떻게 생각하십니까?" 학생은 이 질문에 상당히 당황했다. 나는 질문을 이어갔다. "○○○ 전도사님은 지금 기쁘십니까?" 역시 답이 없었다. "혹시 그렇다면 설교를 준비할 때는 기쁘셨나요?" 학생은 아주 작은 목소리로 "아니요"라고 대답했다. 사실 ○○○ 전도사는 설교하는 내내 아주 열정적이었지만 잔뜩 인상을 썼다. 설교는 기쁨에 관한 내용이었지만 전달 방식은 청중이 보기에 상당히 부담스러웠다. 설교의 대지도 "하나님 때문에 기뻐해야 합니다. 성령으로 기뻐해야 합니다. 복음으로 기뻐해야 합니다" 하는 식이었다. 본문과 전혀 상관없이 이야기를 풀어갔기 때문에 청중은 별 감동을 받지 못했다.

한 학생의 설교 제목은 "나도 쓰임받을 수 있습니까?"였다. 대지 중 하나는 "복음에 목숨을 걸고 동역자를 돌아보아야 한다"였다. 사명을 일깨우며 도전을 주는 설교는 대개 감동을 수반한다. 특히 수련회 같은 집회에서는 청중의 마음에 강렬한 열정을 불러일으키기도 한다. 하지만 이런 종류의 설교는 구체성이 떨어지면 들을 때는 가슴이 뜨거워질지 몰라도 돌아서면 공허해지기 쉽다. 이 학생의 설교가 그랬다. 일단 '복음에 목숨을 건다'는 말이 실감나지 않았기 때문이다. 또한 동역자가 구체적으로 누구를 가리키는지도 모호했다. 먼저 설교자는 본문에서 동역자가 누구를 가리키는지 확인한 다음, 자신에게는 누가 그런 동역자에 해당하는지 확인해야 할 것이다.

설교를 마치자마자 나는 그 학생에게 "○○○ 전도사님의 동역자는 누구입니까?"라고 물었다. 질문을 예상했을 텐데도 학생은 상당히 당황하며 머뭇거렸다. 그는 잠시 생각하더니 동기 전도사들이 동역자라고 대답했다. 나는 다시 질문했다. "전도사님은 목숨을 걸고 동역자를 돌아보겠다고 확신할 수 있습니까?" 이 질문에도 그 학생은 제대로 답하지 못했다. 설교를 준비하면서 정작 자신의 동역자에 대해서는 한 번도 생각해보지 않았기 때문이다. 그러니 "목숨을 걸고 동역자를 돌아보아야 한다"는 말이 너무 쉽게 나왔고, 그 결과 설교는 허공을 치는 것이 되고 말았다. 설교자가 자신에게 먼저 본문의 가르침을 적용하지 않으면, 그 설교는 멋있게 들릴지언정 막연한 구호에 지나지 않게 된다.

한 학생이 "하나님의 성품에 참여하는 자가 됩시다"라는 제목으로 설교를 했다. 베드로후서 1장 4절에 나오는 유명한 구절에 근거한 설교였다. 설교를 마치자마자 나는 늘 하던 대로 "○○○ 전도사님은 하나님의 성품에 참여해본 적이 있습니까?"라고 질문했다. 그 학생 역시 제대로 대답을 하지 못했다. 자기 자신도 한 적이 없는 것을 일반 신자들에게 하라고 하니 누가 보아도 설득력이 떨어질 수밖에 없었다.

설교자가 자신에게 먼저 설교를 적용하지 않았을 때 나타나는 가장 대표적인 현상은 설교의 구체성이 떨어진다는 것이다. 설교 본문과 씨름하지 않고 본문의 중심 메시지를 대충 전하게 되기 때문이다. "하나님의 성품에 참여하는 자가 됩시다"라는 제목에서 우리는 세 가지 단어를 볼 수 있다. '하나님', '성품', '참여'다. 하나님은 누구나 다 알고 있는 단어지만 성품과 참여는 정확히 알기가 어렵다. 그런데도 한글 성경만 참조하여 대충 설교를 준비하면 "하나님같이 좋은 성품을 가진 착한 사람이 됩시다"라는 식으로 설교할 수밖에 없다. 하지만 성품은 헬라어로 '본성'(φύσις, 피시스)에 가까운 말이고, '참여'는 그 유명한 교제를 뜻하는 '코이노니아'다. 따라서 '하나님의 성품에 참여하는 것'은 단순히 착한 사람이 되는 것을 넘어서는 깊은 의미를 담고 있다.

설교자가 설교 본문을 자신에게 제대로 적용하기 위해서는 먼저 본문을 정확하고 깊게 읽어야 한다. 당연히 주석을 참조하고 시간이 나면 원어도 참고해야 할 것이다. 원어에 익숙하지 않더라도 최소한 본문의 핵심 단어나 중심 주제에 해당하는 단어는 찾아보아야 한다. 그렇게 말씀을 연구하면 새로운 깨달음이 생기지 않을 수 없다. 깨달음에 근거하여 자신의 기존 생각을 바꾸고, 말씀을 지속적으로 묵상하면서 자기 것으로 삼아야 한다. 이것이 최소한의 적용이다. 설교 준비를 하는 동안 설교자는 이와 같은 방식으로 설교를 끊임없이 자신에게 적용해야 한다. 설교문 작성은 그 다음의 문제다.

'자신에게 먼저 적용하기'는 하루아침에 이루어지지 않는다. 설교학 책을 많이 읽는다고 되는 것도 아니다. 습관이 될 때까지 "나는 이 말씀대로 해보았는가?"를 계속해서 질문하면서 설교를 준비하는 수밖에 없다. 한 학기 동안 이런 연습을 집중적으로 하다보면 학기말이 될 즈음에는 상당한 진보를 보게 될 것이다. 실제로 스스로 놀랄 정도로 설교가 발전한 학생을 보기도 했다. 나에게 지도를 받고 졸업한 경상도 출신의 한 학생은 설교 준비를 할 때마다 설교 실습 때 들은 이 말이 계속 생각난다고 했다. "니는 해봤나?"

"나는 이 본문대로 해보았는가?" - 본문에 근거한 구체적인 적용

설교를 자신에게 먼저 적용하기로 결심한 다음에 설교자가 해야 할 일은 본문에 근거해서 적용하는 것이다. 설교자는 "나는 이 본문대로 해보았는가?"라는 질문을 자신에게 끊임없이 해야 한다. 본문에 근거하지 않는다면 막연한 적용이 되고 만다. 본문에 근거한 적용이 되려면 문맥을 정확히 이해해야 한다. 잘 알려진 다음 본문을 살펴보자.

> 새 계명을 너희에게 주노니 서로 사랑하라. 내가 너희를 사랑한 것 같이 너희도 서로 사랑하라. 너희가 서로 사랑하면 이로써 모든 사람이 너희가 내 제자인 줄 알리라(요 13:34-35).

대부분의 설교자는 이 본문을 가지고 "서로 사랑합시다"라는 제목으로 설교를 할 것이다. 그러나 본문에서 "서로 사랑하라"만 떼어 설교를 한다면 설교의 주 내용은 "성도들끼리 사이좋게 지냅시다"의 범주를 벗어나지 못한다. 설교와 도덕적 훈화가 거의 구별되지 않는 것이다. 그렇다면 "내가 너희를 사랑한 것같이"라는 그 다음 문구에 주목하면 어떻게 될까? 그러면 "예수님께서 십자가에서 우리를 사랑하신 것같이 우리도 서로 사랑합시다"라고 설교할 수 있을 것이다. 이전보다는 낫지만 여전히 설득력은 떨어진다. 적어도 이 말씀을 들었던 당시 제자들은 십자가 사건을 전혀 알지 못했기 때문이다. 따라서 이 설교에서 십자가를 끌어들이는 것은 너무 성급한 적용이다.

그렇다면 "내가 너희를 사랑한 것같이"는 이 본문에서 무엇을 뜻할까? 이것을 알기 위해서는 문맥을 조금 더 넓혀야 한다. 본문 바로 앞에서 우리는 예수님께서 제자들을 어떻게 끝까지 사랑하셨는지 선명하게 볼 수 있다(13:1). 예수님께서 제자들의 발을 씻기셨는데, 그 의미를 정확히 알아야 예수님의 사랑이 지닌 성격을 알 수 있다. 그것을 예수님께서 친히 알려주셨다. "내가 주와 또는 선생이 되어 너희 발을 씻었으니 너희도 서로 발을 씻어주는 것이 옳으니라"(14절). 스승이지만 스스로 낮추어 종으로서 제자들의 발을 씻긴 것이 바로 예수님의 사랑이다.

예수님의 이와 같은 사랑은 본문에도 나타난다. 예수님은 제자들을 "작은 자들아"(33절)라고 부르신다. 그렇다면 예수님은 큰 자

혹은 어른이라고 할 수 있을 것이다. 큰 자로서 작은 자를 섬기는 것이야말로 예수님의 사랑을 따르는 것이다. 이것은 사실 복음 중의 복음이라고 할 수 있다. 앞으로 세워질 교회 공동체 안에도 큰 자와 작은 자, 스승과 제자들이 있을 것이다. 이들이 진정으로 사랑하여 한 공동체를 이루기 위해서는 바로 예수님께서 보여주신 사랑이 필요하다. 이렇게 사랑할 때 세상 사람들은 우리가 예수님의 제자임을 알게 될 것이다. 우리가 단지 서로 사랑하기만 한다면 불신자들이 서로 사랑하는 것과 무슨 차이가 있겠는가? 결국 이 본문에서 말하는 사랑이 도대체 어떤 사랑인지를 이해해야 올바른 적용을 할 수 있다.

본문에 근거해서 적용을 해야 구체적인 적용이 가능하다. 본문을 아예 무시하고 자기 마음대로 적용하는 설교자도 있지만 성실한 설교자는 본문에 최대한 충실하려고 노력할 것이다. 철저하고도 구체적인 자기 적용이 없으면 두리뭉실한 적용이 될 것이고, 그러면 어떤 본문을 설교해도 비슷비슷한 적용을 하게 될 것이다. 결국 "성경 많이 읽으세요, 기도 열심히 하세요, 봉사하세요" 같은 종류의 구호성 적용에 그치고 만다.

또 다른 예를 살펴보자. 제목은 "주 안에서 서라"이고, 빌립보서 4장 1-9절을 본문으로 삼은 설교다. 구성은 다음과 같다.

1) 서로 도와야 한다.

2) 항상 기뻐해야 한다.

3) 배우고 들은 바를 본받아야 한다.

겉으로 보기에는 구성이 잘된 설교다. 적용도 성경 본문에 근거한 것이 분명하다. 이 정도만 해도 설교문의 기본 요소를 갖추었다고 본다. 하지만 구체적인 적용에 이르려면 좀 더 고민이 필요하다. 이 설교를 마친 학생에게 질문했다. "○○○ 전도사님은 누구를 도와봤습니까?" "본문에 따르면 누구를 도와야 합니까?" 예상한 대로 ○○○ 전도사는 자기 교회 성도들을 힘껏 도우려 노력하고 있다고 대답했다.

본문을 구체적으로 자신에게 먼저 적용하기 위해서는 여러 가지 질문을 할 필요가 있다. 첫 번째 대지와 관련해서는 "누구를 도와야 하는가?"라고 질문할 수 있다. 좀 더 본문에 근거하지 않는다면 답을 찾기가 쉽지 않을 것이다. 답은 '나와 멍에를 같이한 자'다. 여기에서 나는 누구인가? 바울이다. 결국 바울과 멍에를 같이한 자를 도와야 한다는 것이 본문의 주제이고, 그렇다면 "바울과 같이 복음의 사역을 감당하는 말씀 봉사자를 도와야 한다"라는 적용을 할 수 있다.

두 번째 대지도 마찬가지다. "왜 기뻐해야 하는가?"라는 질문에 대해 설교는 주로 "말씀 때문에 기뻐해야 한다, 하나님 때문에 기뻐해야 한다, 복음 때문에 기뻐해야 한다"는 식으로 적용이 이루어졌다. 하지만 본문은 "주께서 가까우시니라"고 선언하면서 재림이 성도가 기뻐해야 하는 중요한 이유가 된다고 이미 설명하고 있다. 그런데도 ○○○ 전도사의 설교문에 재림에 대한 언급은 전혀 없었다. 설교문에서 말하는 기쁨은 막연한 기쁨으로서 본문과는 상관없는 것이 되고 말았다. 설교자 자신이 먼저 재림에 대한 간절한 소망을 가져야 하고, 그 소망으로 인해 기쁨이 가득 차오르는 경험을 한 다음에 기쁨에 대해 설교를 해야 힘있는 설교가 될 수 있다.

세 번째 대지와 관련해서는 도대체 누구에게 배워야 한다는 말인가? ○○○ 전도사는 성경이라고 답했다. 하지만 본문은 다음과 같이 말한다. "내게 배우고 받고 듣고 본 바를 행하라"(9절). 그렇다면 답은 "바울에게서 배운 것을 행해야 한다"이고, 이것이 본문의 주제가 되어야 한다. 따라서 오늘날 적용은 "사도의 교훈을 배워서 그에 합당하게 살아야 한다"가 되어야 할 것이다.

설교자는 사도의 교훈이 무엇이고 어떻게 배울 수 있는지 구체적으로 알고 있어야 한다. 구체적인 적용을 소홀히 하다보면 결국 "착하게 살자" 혹은 "열심히 노력하자" 식의 설교가 되고 만다. 막연한 설교는 성도들에게 힘을 줄 수 없다. 설교가 끝나고 나면 내용은 사라지고 설교의 인상만 성도들의 머리에 남게 된다. 그렇다면 어떻게 해야 할까?

첫째, 성경 읽기를 할 때 기존의 틀에서 벗어나야 한다. 설교 발표를 했던 ○○○ 전도사는 설교를 준비하면서 본문을 적어도 30번 이상 읽었다고 했다. 그럼에도 불구하고 막연한 적용밖에 나오지 않은 이유는 지금까지 가지고 있던 틀 안에서만 성경을 읽었기 때문이다. 그 틀에서 벗어나지 못하는 한 앞으로도 설교가 더 나아질 가능성은 없다.

기존의 틀에서 벗어나는 가장 좋은 방법은 본문에 대한 질문을 최대한 많이 하는 것이다. 누가, 언제, 어디서, 어떻게, 왜 정도만 질문을 하더라도 상당히 구체적인 답을 본문에서 찾을 수 있다. 그런 다음에는 이것을 오늘날 어떻게 적용할지 고민해야 한다. 그러자면 바울을 단순히 신자 개인의 모델로 보아서는 안 된다. 본문에 등장하는 인물이 사도인지 성도인지 선지자인지 정도는 구별할 줄 알아야 한다.

적용문을 만들고 나서 무엇보다 자신에게 먼저 구체적으로 적용하라. 적용하기 어렵다면 적어도 설교문을 준비하면서 대상을 구체적으로 정해놓고 기도하라. 훨씬 더 영감 있는 설교문을 작성할 수 있다.

그리스도 중심의 적용

성경이 그리스도에 관한 것이라면(요 5:39) 그리스도를 전하는 설교야말로 참된 설교다. 따라서 설교의 중심은 그리스도가 되어야 한다. 그리스도 중심성은 적용에도 잘 나타나야 한다. 이에 관한 탁월한 서적이 시중에 많이 나와 있으므로 여기서는 자세히 다루지 않겠다. 아무튼 관련 도서를 보면서 그리스도 중심의 사고를 계속해서 기르는 수밖에 없다.

다만 한 가지를 강조하자면, 그리스도 중심의 적용이 단순히 "예수님을 본받자"가 아니라는 것이다. 그렇게 적용해서는 예수님도 다윗이나 아브라함 같은 다른 신앙 위인과 별 다를 바가 없게 된다. 대표적인 예 중 하나가 예수님께서 40일 금식을 하셨으니 우리도 금식기도를 하자는 식의 적용이다. 40일이 광야 40년과 관련되어 있다는 사실을 기억한다면, 예수님의 40일 금식이 우리가 따라야 할 모범과는 거리 있는 일이라는 것을 쉽게 알 수 있다.

예수님께서 십자가에 달리신 채 마리아에게 사도 요한을 가리키며 "여자여, 보소서. 아들이니이다"(요 19:26)라고 말씀하셨다. 이 본문을 가지고 '예수님의 효성'에 관해 설교하는 이들이 많다. 물론 예수님께서 "네 부모를 공경하라"는 제5계명을 잘 지켜 율법을 성취하셨다는 설교를 할 수 있다. 하지만 여기서 끝난다면 예수님은 효심이 지극했던 아들에 그치고 만다. 우리는 이 본문을 통해 예수님을 십자가에서 새로운 가족 공동체인 교회를 만드신 분으로 이해하는 데까지 나아가야 한다.

예수님은 십자가에서 자신이 교회의 머리이심을 이 말씀을 통해 계시하셨다. 십자가에서 하신 말씀을 통해 우리는 요한복음 서두에서 선포된 말씀을 보다 정확히 이해할 수 있다. "영접하는 자 곧 그 이름을 믿는 자들에게는 하나님의 자녀가 되는 권세를 주셨으니 이는 혈통으로나 육정으로나 사람의 뜻으로 나지 아니하고 오직 하나님께로부터 난 자들이니라"(요 1:12-13). 그리스도 중심의 설교를 하기 위해 설교자는 끊임없이 예수님이 누구신지를 질문하고, 본문에서 그리스도의 어떤 측면이 강조되고 있는지 자세히 살펴보아야 한다. 이런 것들을 스스로 찾고 알아볼 수 있는 신학적 안목이 있으면 좋겠지만, 그렇지 않다면 주석이나 신학 서적을 부지런히 참고해야 할 것이다.

잘 알려진 예수님의 지상명령을 예로 들어보자. 대부분의 설교가 "우리도 제자를 삼아야 합니다"라는 적용을 할 것이다. 그러나 본문을 다시 한 번 점검해보자. 우선 그리스도 중심의 설교가 되려면 예수님께서 무엇을 하시는가에 초점을 맞추어야 한다. 예수님의 첫 명령은 "가라"다. 이 명령을 하기 전에 예수님은 새 왕국이 시작되었음을 알리셨다("하늘과 땅의 모든 권세를 내게 주셨으니", 마 28:18). 지금 예수님은 왕으로서 대사(大使)라고 할 수 있는 사도들을 세상에 파송하고 계신다. 이것이 본문에서 가장 중요한 예수님의 사역이다.

예수님께서 제자들을 파송하신다는 것이 설교의 논지라면 설교의 적용은 어떻게 되어야 할까? 예수님처럼 우리도 선교지에 제자를 파송하자는 적용을 할 수 있을 것이다. 하지만 일차적으로 교회가 해야 할 일은 파송한 제자들을 영접하는 것이다. 따라서 예수님께서 파송하시는 제자를 잘 영접하자는 것이 주된 적용이 될 수 있다. 그렇다면 다음과 같이 보다 상세하게 적용을 해볼 수 있다.

- 교회는 주님의 제자인 말씀 사역자를 잘 영접해야 한다. 이를 위해 누가 주님의 제자인지 분별해야 한다.
- 참된 말씀 사역자는 제자를 삼는 데 힘쓰는 사람이다. 교회는 목사를 통해 제자가 될 준비를 해야 한다.
- 제자로 삼는 방식에는 세례와 사도적 가르침("내가 너희에게 분부한 모든 것", 마 28:20)이 있다. 교회는 삼위 하나님의 사역에 대한 가장 기초적인 세례 교육과 사도의 교훈들을 잘 정리한 신앙고백서 교육을 목사에게 잘 받아야 한다.

오늘날 상황에 맞게 적용하기

설교의 해석이 그 당시 상황에서 본문이 갖는 의미를 찾는 작업이라면, 설교의 적용은 그 해석이 오늘날 상황에 어떤 의미를 갖는지 찾는 작업이라고 할 수 있다. 2천 년 전에 팔레스타인에서 일어난 사건을 오늘날에 맞게 적용하기란 여간 어려운 일이 아니다.

예: 동방박사들의 경배와 예물(마 2장)

1 헤롯 왕 때에 예수께서 유대 베들레헴에서 나시매 동방으로부터 박사들이 예루살렘에 이르러 말하되
2 유대인의 왕으로 나신 이가 어디 계시냐 우리가 동방에서 그의 별을 보고 그에게 경배하러 왔노라 하니
3 헤롯 왕과 온 예루살렘이 듣고 소동한지라
4 왕이 모든 대제사장과 백성의 서기관들을 모아 그리스도가 어디서 나겠느냐 물으니
5 이르되 유대 베들레헴이오니 이는 선지자로 이렇게 기록된 바
6 또 유대 땅 베들레헴아 너는 유대 고을 중에서 가장 작지 아니하도다 네게서 한 다스리는 자가 나와서 내 백성 이스라엘의 목자가 되리라 하였음이니이다
7 이에 헤롯이 가만히 박사들을 불러 별이 나타난 때를 자세히 묻고
8 베들레헴으로 보내며 이르되 가서 아기에 대하여 자세히 알아보고 찾거든 내게 고하여 나도 가서 그에게 경배하게 하라
9 박사들이 왕의 말을 듣고 갈새 동방에서 보던 그 별이 문득 앞서 인도하여 가다가 아기 있는 곳 위에 머물러 서 있는지라
10 그들이 별을 보고 매우 크게 기뻐하고 기뻐하더라
11 집에 들어가 아기와 그의 어머니 마리아가 함께 있는 것을 보고 엎드려 아기께 경배하고 보배합을 열어 황금과 유향과 몰약을 예물로 드리니라
12 그들은 꿈에 헤롯에게로 돌아가지 말라 지시하심을 받아 다른 길로 고국에 돌아가니라 …

이 본문은 성탄절 설교에 자주 사용되며 내용은 간단하다. 동방박사들이 아기 예수에게 경배하고 예물을 드렸다는 것이다. 이 내용에 근거하여 설교자는 "우리도 예수님께 경배하고 예물을 드립시다"라는 적용을 끌어낼 수 있다. 하지만 이것은 본문과 상황이라는 엄청난 간격을 깡그리 무시한 적용이다.

그 당시와 지금은 상황 자체가 완전히 다르다. 그때 예수님은 아기로 계셨지만 지금은 하늘 우편에 앉아 계시기 때문이다. 이것만이라도 생각했다면 "동방박사들처럼 예수님을 경배합시다"라는 말은 꺼내지 않았을 것이다. 하지만 이 간격을 정확히 인식하면 적용이 의외로 쉬울 수도 있다. "동방박사들처럼 경배합시다"라는 적용에 대해 우리는 다음과 같은 질문을 할 수 있다.

1) 황금과 유향과 몰약을 예물로 드려야 하는가? 그 당시 아기 예수에게는 그런 예물이 정말로 필요했지만(이 사건 이후 요셉과 마리아는 이집트에서 망명생활을 한다. 예수님은 이스라엘 백성이 아니라 이방인을 통해 왕으로서 풍족한 삶을 누리셨다) 하늘에 계신 예수님은 그런 예물이 전혀 필요하시지 않다.

2) 교회에 열심히 헌금하면 되는가? 틀린 적용이라고 할 수 없지만 이런 정도의 적용은 설교를 듣지 않더라도 성도들이 스스로 얼마든지 생각할 수 있다. 설교는 QT가 아니다. 교회에 열

심히 헌금을 해야 하지만, 그것이 예수님에게 드리는 예물이 될 수는 없다. 하늘에 계신 그리스도에게 우리의 돈이 무슨 필요가 있겠는가?

3) 오늘날 신약 성도들은 어떻게 하늘에 계신 그리스도를 경배할 수 있는가? 하늘에 계신 그리스도는 오늘날 예배 가운데서 말씀과 성찬으로 우리에게 오신다. 결국 동방박사들처럼 경배하기 위해 우리가 해야 할 일은 예배 가운데 선포되는 목사의 설교를 영접하고, 목사의 손에서 전달되는 성찬을 겸손한 마음으로 기쁘게 받는 것이다.

소위 '치는 설교'의 위험성

설교자가 절대로 해서는 안 되는 설교는 본문과 상관없이 설교에 자신의 감정을 실어서 전달하는 것이다. 인격 수련이 덜 된 설교자일수록 감정이 실린 설교를 자주 하는데 이런 설교는 독이 된다. 선한 효과를 전혀 보지 못하고 해만 되는데도 설교자가 이런 설교를 하는 이유는 무엇일까? 가장 큰 이유는 그런 설교가 교회에 조금이라도 도움이 된다고 생각하기 때문이다.

예를 들어 교회가 한 달 동안 특별 새벽기도회를 했는데 첫 주에 참석률이 매우 낮았다고 가정해보자. 일단 목사는 이 일에 화가 많이 날 테고 아마 이렇게 생각할 것이다. '성도라면 새벽기도를 당연히 해야 하지 않는가? 적어도 1년에 한 달 정도는 새벽기도회에 참석해야지.' 그러나 과연 성도들도 그렇게 생각할까? 성도들이 왜 나오지 못했는지 그 이유는 깊이 생각하지 않고 출석률이 낮은 것만 생각하면 설교 시간에 새벽기도와 관련해 이른바 '치는 설교'를 하게 된다.

보통 치는 설교는 주일 낮 예배 이외의 다른 예배 시간(혹은 기도회)에 한다. 문제는 설교 현장에 있는 성도들은 일반적으로 교회 생활에 열심인 사람들이고, 정작 그 설교를 들어야 할 사람들은 그 자리에 없다는 것이다. 그 자리에 있는 성도들은 자신과 별 상관도 없는 설교를 부담스럽게 들어야 하고, 그 설교를 들어야 할 성도들은 실제로 그런 설교가 있었다는 사실조차 알지 못한다. 그런데도 이런 설교를 하는 목사들이 적지 않다. 결국 성도들이 하나둘 교회를 떠나서 교회가 쇠퇴하든지 아니면 목사가 사임하는 것으로 끝을 맺는다.

적용 강박증 없애기

　설교 초보자에게는 본문의 해석도 어렵지만 본문의 적용은 더 어려운 분야다. 본문의 해석은 좋은 주석이나 신학 서적을 읽으면 어느 정도 해결되지만 올바른 적용은 깊은 목회적 성찰에서 나오기 때문이다. 어설픈 적용은 잔소리밖에 되지 않기 때문에 차라리 하지 않는 편이 낫다. 설교에 반드시 적용이 있어야 한다는 강박증에서 벗어날 필요가 있다.

　먼저 설교에서 본문 해석 자체를 어느 정도의 적용으로 보아야 한다. 주석서의 해설을 그대로 읽지 않는 한 설교할 때 본문 해석은 이미 청중에게 적용된 셈이다. 따라서 해석과 적용을 너무 분리시킬 필요는 없다. 이 점에서 설교자는 적용을 좀 더 폭넓은 관점에서 바라보아야 한다. 적용을 구체적인 지침으로 이해해서는 안 된다. 목사가 설교를 통해 구체적인 지침을 전할 수도 있을 것이다. 하지만 적용을 그런 식으로만 이해하면 목사의 적용은 쉽게 잔소리로 변하고 만다.

　간단하게 해도 얼마든지 좋은 적용이 될 수 있다. 오히려 짧은 적용이 성도들에게 큰 힘과 소망을 줄 수도 있다. 적용은 선포된 말씀을 하나님의 말씀으로 받는 것이다. 이것만 해도 대단한 적용이다. 그 말씀을 받은 사람들이 어떻게 살아갈 것인가에 대해서도 잘 설명할 수 있다면 좋겠지만, 그럴 수 없다면 간단한 적용으로 마쳐도 무방하다. 간단히 적용하기에 유용한 방법 중 하나는 신학적 3덕목이라고 불리는 믿음, 소망, 사랑을 틀로 사용하는 것이다. 이것은 오랫동안 교회 역사 속에서 사용된 성경 해석 방법으로서 간단하면서도 상당히 유익하다. 적용을 생각하기 어렵다면 다음 세 가지 질문에 답해보라.

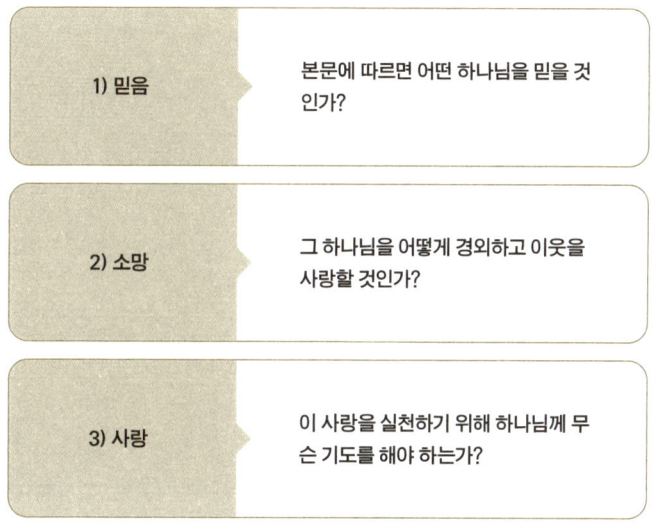

이것을 구체적으로 다음과 같이 표현할 수 있다.

예문) 1) 오늘 본문은 우리에게 그리스도의 승천이 얼마나 중요한지 가르쳐주고 있습니다. 그리스도가 승천하셨기에 오늘 우리 ○○ 교회가 존재할 수 있습니다. 지금 그리스도는 승천하여 하나님 보좌에 계시지만 우리 교회에 있는 직분자들을 사용하여 교회를 세우고 다스리고 계십니다.

2) 이 사실을 정말로 믿는다면 그리스도가 피로 값 주고 세우신 교회를 사랑하지 않을 수 없습니다. 지금 바로 옆에 있는 성도는 그리스도의 지체로서 그리스도의 피를 함께 먹고 마시는 형제자매라는 사실을 기억하시기 바랍니다.

3) 하지만 우리 안에 여전히 죄의 본성이 남아 있음을 우리는 스스로 잘 알고 있습니다. 우리 안에 있는 사랑의 열정이 계속 약해지고 있음을 느낍니다. 그 사랑은 오직 성령의 도우심으로 회복할 수 있으므로 간절히 성령님께 도움을 구해야 합니다.

10 설교 제목 정하기

설교 제목이 설교의 간판이라는 점을 기억한다면, 어떤 것이 좋은 제목인지 쉽게 분별할 수 있다. 좋은 제목은 설교의 핵심을 정확히 가리키고 기억나게 한다. 이러한 핵심을 설교의 주제라고 부르며, 좋은 제목은 주제와 밀접하게 연결되어 있어야 한다.

설교의 간판

설교 제목은 설교의 간판이다. 간판과 마찬가지로 설교 제목이 설교의 인상을 결정한다. 일상을 살아가면서 우리는 여러 사람을 만나지만 최종적으로 기억하는 것은 그 사람의 얼굴이다. 설교 역시 청중이 마지막에 기억하는 것은 제목이라고 할 수 있다. 설교는 보이지 않지만 설교 제목은 한눈에 들어오므로 제목을 잘 정하는 것이 중요하다. 예배드리기 전에 청중은 주보를 보면서 설교 제목을 확인한다. 그런 다음 설교 본문을 직접 찾아 읽으면서 설교의 내용을 예측해볼 것이다.

그렇다고 설교 제목을 정하는 데 너무 많은 시간을 들일 필요는 없다. 무엇보다 중요한 것은 당연히 설교 내용이므로 내용을 준비하고 다듬는 데 더 많은 시간을 들여야 한다. 특히 청중의 관심을 끌기 위해 설교 제목을 너무 특이하게 지으면 오히려 설교를 망칠 수 있다. 설교 제목은 표지판일 뿐이므로 표지판 자체가 돋보여서는 안 된다. 좋은 표지판은 가리키는 실체를 찾아가도록 인도만 잘 하면 된다. 내용은 부실한데 제목만 그럴듯하면 그 설교는 신뢰를 잃고 말 것이다.

설교 제목이 설교의 간판이라는 점을 기억한다면, 어떤 것이 좋은 제목인지 쉽게 분별할 수 있을 것이다. 좋은 제목은 설교의 핵심을 정확히 가리키고 기억나게 한다. 이러한 핵심을 설교의 주제라고 부른다. 따라서 좋은 설교 제목은 주제와 밀접하게 연결되어 있어야 한다. 제목을 보아도 내용이 떠오르지 않는다면 좋은 제목이라고 할 수 없다.

제목은 주제를 가리키는 것이어야지 주제 자체를 드러내는 것은 좋지 않다. 주로 설교 제목이 긴 경우가 그러하다. "형제 사랑을 통해 하나님께서 주시는 복 가운데 살아가십시오." 이 설교 제목은 신명기 15장 7-11절의 본문에 근거한다. 설교의 주제와 호응한다는 점에서는 좋다고 볼 수 있지만 너무 길어서 간판 역할을 하기가 어렵다. 설교 제목은 되도록 짧아야 한다. 어떻게 제목을 바꿀 수 있을까? 이 본문의 설교 제목을 7절에 나온 "네 손을 움켜쥐지 말라"로 바꿔보는 것은 어떨까? 바로 앞 구절인 "네 마음을 완악하게 하지 말라"를 제목으로 정할 수도 있다. 설교의 주제를 정확하게 표현하고 있다는 점에서 좋기는 하지만, "네 손을 움켜쥐지 말라"가 비유적인 표현이므로 간판으로서 훨씬 효과적이라고 본다.

  설교 제목이 주제와 일치하면 기본적으로 좋은 제목이라고 할 수 있지만 항상 그런 것은 아니다. 이 점에서 제목과 주제는 구분된다. 시편 23편을 예로 들어보자. "여호와는 나의 목자시다"가 이 시편의 주제다. 이 주제에 따라 설교 제목도 "여호와는 나의 목자"라고 정할 수 있을 것이다. 제목과 주제가 거의 일치하므로 기본적으로 좋은 설교 제목이다. 그런데 시편 23편의 경우 너무나 잘 알려진 주제여서 성도들이 식상하게 느낄 수도 있다. 그렇다면 상황에 따라서 적절하게 변경하는 것도 생각해보라. '나'에 초점을 맞춘다면 설교 제목은 "나는 여호와의 양", "나는 정말 여호와의 양인가?" 혹은 "여호와의 양입니까?" 등이 될 수 있다.

  설교 제목이 본문에서 인용되었고 중요하게 다루고 있더라도 반드시 좋은 제목이 되는 것은 아니다. 본문의 가장 중요한 특성을 드러내야 좋은 제목이 될 수 있다. 다음 설교 제목을 검토해보자. "오직 그리스도의 복음대로"(빌 1:27 이하.) 이 제목은 본문 안에 분명히 나와 있는 표현으로 좋은 제목이 될 수 있다. 하지만 이 제목 역시 본문의 특성을 드러내지는 못한다. 이와 같은 제목은 복음을 다루는 다른 본문에도 아주 손쉽게 적용할 수 있다. 이 구절은 다음과 같다. "오직 너희는 그리스도의 복음에 합당하게 생활하라"(27절). 이 구절을 그대로 제목으로 사용할 수 있겠지만 너무 길다. 그렇다면 무엇을 빼는 것이 좋을까? 이 구절에서 가장 특징적인 단어는 '합당하게'다. 따라서 이 단어를 중심으로 제목을 정하는 것이 어떨까? 그렇다면 "오직 복음에 합당하게"라고 제목을 정해볼 수 있다. '생활하라'는 빠져도 얼마든지 유추할 수 있다.

실제적인 방법

가능하다면 가장 좋은 설교 제목은 설교 본문을 그대로 인용하는 것이다. 물론 모든 본문 구절이 좋은 제목이 될 수는 없다. 그 구절이 본문의 핵심을 잘 지적해야 좋은 제목이 될 수 있다. 따라서 제목을 정할 때 성경 본문을 많이 묵상하는 것이 중요하다. 그대로 인용하기 어렵다면 중요하지 않은 단어들을 생략하거나 핵심 단어를 중심으로 재구성할 수도 있다. 기본적으로 설교 제목이 짧을수록 좋지만 성경 구절을 그대로 인용한다면 길어도 무방하다. 성도들이 이미 그 구절에 익숙하기 때문이다. 설교 본문에서 직접 제목을 찾기 어려우면 설교 주제를 기초로 제목을 새로 정해야 한다. 몇 가지 예를 들면 다음과 같다.

예 1: "그는 선지자라"(창 20:7)[*]

아브라함이 누군지를 아주 분명하게 성도들에게 인식시키는 제목이다. 당연히 설교는 본문을 통해 아브라함이 선지자라는 점을 부각시켜야 한다. 아브라함이 선지자라는 사실을 모르는 경우도 많으므로 이런 제목은 성도들에게 제법 흥미를 불러일으킬 수 있다.

예 2: "모세와 선지자들에게 듣지 아니하면"(눅 16:31)

누가복음 16장은 유명한 '부자와 거지 나사로' 이야기를 다루고 있다. 보통 이 본문의 제목은 "부자와 거지 나사로"인 경우가 많다. 하지만 본문에서 나사로는 아무런 역할을 하고 있지 않다. 실제로 본문은 부자와 아브라함의 대화만 다루고 있다. 이 긴 대화 속에서 중심 사상은 마지막 구절에 있다. 모세와 선지자들의 말을 듣지 않는 자들은 죽은 사람이 살아 돌아와 증거한다고 해도 회개하지 않는

---

[*] 이성호, 『창세기: 복음이 빛나는 강해 설교』(솔로몬, 2017), 322-331.

다는 것이 이 본문의 중심 사상이다. 따라서 "모세와 선지자들에게 듣지 아니하면"을 제목으로 잡아볼 수 있다.

예 3: "이 사람이 어찌 능히 자기 살을 우리에게 주어 먹게 하겠느냐"(요 6:52)

설교 제목이 상당히 길면서 의문형으로 되어 있다. 일반적으로는 설교 제목으로 그리 바람직하지 않다. 하지만 본문을 그대로 인용하고 있기에 설교 제목으로 써볼 수 있다. 무엇보다 이 질문에 대한 답이 설교 본문의 내용 전체를 차지하고 있어 훌륭한 설교 제목이 될 수도 있다. 실제로 이 질문에는 빼야 할 단어가 거의 없고 빼면 오히려 어색해질 수 있다.

예 4: "길에서 된 일과 떡을 떼심으로"(눅 24장)

엠마오로 가는 두 제자 이야기는 잘 알려진 일화다. 이 본문의 설교들을 보면 제목이 대부분 "엠마오로 가는 두 제자"다. 제목으로 그리 나쁘지는 않다. 하지만 이 제목은 엠마오로 가는 두 제자에게 무슨 일이 일어났는지 아무런 정보도 제공하지 않는다. 엠마오로 가는 두 제자가 어떻게 부활하신 예수님을 확신하게 되었을까?

이 사건은 크게 두 부분으로 구성되어 있다. 하나는 예수님께서 길에서 제자들을 가르치신 것이고, 다른 하나는 제자들에게 음식을 나누어 주신 것이다. 일반적으로 설교는 둘 중 어느 하나에만 집중하는데 그런 경우 반쪽짜리 설교가 되고 만다. 이 본문의 핵심 구절은 마지막 구절이고 이것이 결론이다. "두 사람도 길에서 된 일과 예수께서 떡을 떼심으로 자기들에게 알려지신 것을 말하더라"(35절). 긴 구절을 제목으로 삼을 수 없으니 이 중에서 엠마오 사건에서 핵심적인 사안 두 개를 뽑아 제목으로 정한다면 청중은 두 가지 모두에 집중하게 될 것이다. 길에서 된 일은 예수님의 설교를, 떡을 떼심은 예수님의 성찬을 떠올리게 한다는 점에서 좋은 제목이라고 할 수 있다.

예 5: "거룩하게 하심, 거룩하게 지킴"(눅 13:10-17)

제4계명에 대한 설교의 제목이다. 하나님께서 안식일을 거룩하게 하셨기 때문에 신자들은 그 거룩하게 하신 것을 거룩하게 지켜야 한다는 것이 설교문의 논지다. 이것을 "거룩하게 하심, 거룩하게 지킴"으로 간단히 표현했다. 안식일이라는 단어가 없어도 초신자를 제외하고 어느 정도 신앙생활을 한 신자들에게는 충분히 제 역할을 하는 제목이라고 본다. 대조가 선명하면 제목이 두드러진다. 하나님께서 하시는 구원 사역과 인간이 해야 하는 순종이 선명하게 대비를 이루고 있다. 이렇듯 대조를 선명히 하면 성도들이 설교의 핵심을 정확히 기억하는 데 도움이 된다.

부제목을 잘 활용하면 간결성을 살릴 수 있다

설교 본문에서 제목을 찾기 어렵다면 부제목을 사용하는 것도 좋은 방법이다. 특히 제목의 길이를 줄이는 데 효과적이다. 몇 가지 실제 예를 들어보겠다.

- 타락: 말씀에서 멀어짐
- 에녹: 하나님께서 데려가신 사람
- 리브가: 하나님께서 예비하신 신부
- 이삭: 영적 분별력을 상실한 사람
- 아내: 생명의 은혜를 함께 이어 받을 자

하나님 중심의 설교 제목

설교는 하나님의 말씀이니 설교 제목은 자연스레 '하나님의 말씀'의 제목이 된다. 설교가 하나님에 대해 말하는 것이라면 설교 제목도 하나님이 중심이 되어야 할 것이다. 하지만 오늘날 설교가 거의 강연 식으로 바뀌면서 제목만 보아서는 하나님 중심적인 특성이 잘 나타나지 않는다. 특히 인물을 다룰 때 그러하다. 그럴 경우 청중은 성경의 인물을 대단한 한 위인으로 인식할 뿐이다. 따라서 설교 제목에서 설교 본문이 하나님에 관한 내용이고, 하나님이 그 본문에서 실제 주인공이심을 분명히 보여주는 것이 좋다. 쉬운 방법 중 하나는 '~하시는 하나님'이라고 표현하는 것이다. 몇 가지 예를 들면 다음과 같다.

- 적개심을 두시는 하나님(창 3장)
- 가나안을 저주하신 하나님(창 9장)
- 신부를 예비하신 하나님(창 24장)

진부한 설교 제목은 피하라

고민하며 준비하지 않은 설교일수록 제목이 진부한 경우가 많다. 예를 들어 다음 설교 제목을 살펴보자. "우리는 무엇을 믿고 어떻게 살아야 하는가?" 설교 제목만 보아서는 나쁘지 않지만, 사실 이와 같은 제목은 어떤 설교 본문에도 적용될 수 있다. 만약 본문에 믿음과 삶이라는 두 주제가 선명하게 나타나 있다면 사용할 수 있지만 그렇지 않다면 다른 제목을 고민해보는 것이 좋겠다. 한번 진부하게 제목을 정하기 시작하면 정해진 틀에서 벗어나기 힘들다. 정형

화된 몇 가지 대표적인 예를 들자면 다음과 같다.

1) '합시다' 형: 믿음으로 전진합시다, 항상 감사합시다, 열심히 기도합시다 등.
2) '비법' 추구형: 축복받는 3대 비결, 기도 응답의 비법, 신앙생활을 잘하려면 등.
3) 모방형: 예수님처럼 사세요(사랑하세요, 겸손하세요, 온유하세요, 기도하세요 등), 다윗처럼 담대하라, 바울처럼 전도합시다 등.

11 작은 교회와 설교

작은 교회 목사는 대형 교회 목사를 흉내내서는 안 된다. 그들처럼 한다고 해서 성도들이 몰려오지 않는다. 대형 교회가 대중적인 설교를 지향한다면 작은 교회는 품격 있는 설교를 지향해야 한다. 간단히 말해 설교의 수준을 높여야 한다.

큰 결단이 필요하다

10년 넘게 교회를 개척하면서 자연스럽게 작은 교회에 관심을 많이 가지게 되었다. 개척 경험을 정리하여 책까지 썼다.* 여기에서는 주로 설교와 관련된 몇 가지 핵심 이슈를 다루어보겠다. 설교가 교회 크기에 따라서 무슨 차이가 나는지 묻는 이들이 있다. 물론 교회의

---

* 이성호, 『비법은 없다: 바른 목회와 교회성장』(그책의 사람들, 2013).

크기에 따라 설교의 본질이나 내용이 달라질 수는 없다. 하지만 청중의 상태나 설교의 분위기는 매우 다르며 설교자는 이 점을 간과해서는 안 된다. 교회마다 상황이 다르겠지만 내가 방문한 대부분의 작은 교회는 다음과 같은 특징이 있었다.

- 성도들이 설교를 그다지 기대하지 않는다.
- 설교에서 목사의 열정이 느껴지지 않는다.
- 무슨 설교를 하는지 잘 들리지 않는다.
- 설교자의 삶이 성도들에게 지나치게 노출되어 있다.

성도들이 설교에 대한 기대가 별로 없는 데는 여러 가지 이유가 있겠지만 무엇보다 그 교회가 설교 중심으로 움직이지 않기 때문이다. 설교 말고 다른 요소에 관심이 더 많기 때문에 설교에 신경을 덜 쓰는 것이다. 설교가 중요하다고 말만 할 것이 아니라 실제로 설교를 성도들의 신앙생활에서 중심에 두어야 한다. 구역 모임에서 설교 내용을 가지고 나눔의 시간을 가진다든지, 설교 자료를 제공한다든지, 아이들과 함께 설교 본문 구절을 암송한다든지 여러 가지 시도를 해볼 수 있다. 설교가 일회성 행사로 끝나지 않고 신앙생활의 중심으로 파고들어야 한다.

청중이 설교를 열심히 듣지 않으니 목사도 열정적으로 설교하지 않는다. 이 둘은 서로 연결되어 닭이 먼저냐 달걀이 먼저냐 하는 문제 같지만, 누가 더 책임이 있는지 물으면 당연히 목사라고 답하지 않을 수 없다. 작은 교회의 목사는 교인 수에서 자유로워야 한다. 말하기는 쉽지만 실천하기는 참으로 어려운 일이다. 교인 수가 적으면 목사는 위축되기 마련이다. 그럼에도 한 영혼이 정말 귀하다는 생각으로 설교에 임해야 한다. 교회 쇠퇴의 시대를 맞이하여 절대 다수의 목사는 앞으로 작은 교회에서 설교를 하게 될 것이다. 큰 교회에서 많은 성도에게 설교할 것이라는 꿈은 접어두는 편이 좋겠다. 이제는 작은 교회에서 설교를 잘하는 목사가 교회를 조금이라도 성장시킬 것이다.

작은 교회일수록 목사의 설교 준비가 미진한 경우가 많다. 이런 일이 반복되면 성도들은 점차 설교를 기대하지 않게 되고, 목사 또한 설교에 귀 기울이지 않는 성도들을 보면 설교의 열정이 식게 된다. 이러한 악순환의 고리를 끊지 않으면 설교가 향상될 가능성은 없다. 설교를 준비할 시간이 정 없다면 설교 횟수를 줄이는 편이 현명하다. 그런 점에서 작은 교회는 큰 결단을 해야 한다. 교회가 성장하여 부교역자들이 설교 사역에 협조할 수 있을 때까지 예배 횟수를 최대한 줄일 필요가 있다.

작은 교회의 목사는 사생활이 성도들에게 지나치게 노출되어 있다. 심지어 그들의 가정까지 노출되어 있다. 이와 같은 노출은 설교에서 양날의 칼이라고 할 수 있다. 목사의 삶이 헌신적이고 모범적이면 설교가 보다 더 효과적으로 전달되겠지만 그렇지 않으면 역효과가 난다. 목사와 설교는 구분되지만 그렇다고 해서 완전히 구별될 수는 없다. 특히 작은 교회에서 더욱 그러하다. 대형 교회의 목사가 설령 도덕적으로 흠이 있다고 해도 비교적 크게 부각되지 않는 것은 그들의 삶이 성도들에게 덜 노출되어 있기 때문이다. 작은 교회의 목사라 하더라도 자신의 삶을 너무 드러내지 않는 것이 좋다. 특히 가족의 사생활을 보호해야 한다. 설교를 할 때는 무엇을 하라고 강조하기보다 하나님의 사역과 그리스도의 은혜를 더 강조하는 것이 좋다. 또한 설교를 성도들에게 적용하기에 앞서 자신에게 먼저 적용하는 것이 바람직하다.

설교 경쟁력

오늘날 작은 교회와 큰 교회는 서로 경쟁 관계에 있다. 이것은 설교를 중심으로 돌아가는 개신교회가 지닌 피할 수 없는 한계다. 나는 지금 이것이 옳다고 이야기하는 것이 아니다. 가톨릭의 예배는 성찬이 중심이 되므로 성도들이 굳이 자신이 좋아하는 설교를 찾아서 멀리 있는 교회까지 갈 일이 없다. 하지만 개신교회의 경우 목사들마다 설교 실력에서 차이가 많이 난다. 보다 좋은 설교를 듣고 싶다는 성도들의 '거룩한' 열망을 무슨 수로 제어할 수 있겠는가? 지금도 교회에 안 나가는 이른바 '가나안 성도들'이 설교를 쇼핑하듯 골라서 듣고 있다. 예전에는 설교를 들으려면 실제로 교회를 방문해야 했지만, 요즘에는 온라인으로 얼마든지 설교를 들을 수 있다.

작은 교회의 목사는 설교 경쟁력에서 큰 교회의 목사들보다 훨씬 열악한 상황에 있다. 교회도 작은데 목사의 설교마저 수준이 떨어진다면 그 교회는 유지되기 어렵다. 큰 교회에 비해 작은 교회는 설교가 차지하는 비중이 훨씬 크다. 큰 교회는 설교가 좀 부족하더라도 그것을 보충할 수 있는 다른 여러 장점이 있다. 주일학교 교육이 잘 갖추어져 있다든지, 주차 시설이 확보되어 있다든지, 청년부 모임이 활성화되어 있으면 성도들은 대개 교회생활에 만족한다. 작은 교회는 이런 요소들이 거의 없기 때문에 성도들이 목사의 설교만 바라본다고 할 수 있다. 그러니 작은 교회 목사일수록 설교를 향상시키는 데 더욱 많은 시간을 투자해야 한다.

품격 있는 설교를 지향해야

작은 교회의 설교는 대형 교회보다 수준이 높아야 한다. 대형 교회는 속성상 대중적인 설교를 할 수밖에 없다. 그렇게 하지 않으면 대형 교회의 성도들이 설교에 만족하지 못하기 때문이다. 기독교 방송에 나오는 대형 교회 목사들의 설교는 누가 들어도 금세 이해할 수 있는 수준이다. 그들은 그 자리에서 교리 설교나 깊이 있는 강해 설교나 구속사적인 설교는 거의 하지 않는다. 할 필요가 없기 때문이다.

작은 교회 목사는 대형 교회 목사를 흉내내서는 안 된다. 그들처럼 한다고 해서 성도들이 몰려오지 않는다. 대형 교회가 대중적인 설교를 지향한다면 작은 교회는 품격 있는 설교를 지향해야 한다. 다시 말해 설교의 수준을 높여야 한다. 이것은 설교를 어렵게 하라는 말이 아니다. 설교의 내용이 좀 더 깊이 있고 표현이 풍성하며 주제가 다양해야 한다는 의미다. 비록 교회는 작더라도 말씀의 크기가 큰 교회에 다닌다는 자부심을 성도들에게 심어줄 필요가 있다.

성도의 수준을 높여야

품격 있는 설교를 하기 위해 작은 교회는 성도의 수준을 전반적으로 끌어올려야 한다. 이를 위해서는 지속적인 신앙 교육이 필수적이다. 설교만으로는 성도들의 신앙이 자라지 않는다. 평소에 성경공부나 교리공부를 정기적으로 해야 성도들의 신앙이 계속해서 성장한다. 그러자면 성도 수의 증가를 어느 정도 포기할 용기를 내야 한다. 성도 수의 증가가 아니라 성도의 신앙을 높이는 방향으로 목회를 해야 한다.

그러다가 성도들의 귀만 높아지는 건 아니냐고 걱정하는 이들이 있다. 그러나 성도들의 귀를 높일 필요가 있다. 성도들이 품격 있는 설교에 익숙하면 대형 교회의 대중적인 설교가 귀에 잘 들어오지 않게 된다. 본문 강해가 충실하지 않은 설교, 신학적 통찰이나 안목이 결여된 설교, 그리스도 중심이 아닌 설교, 올바른 교리가 담기지 않은 설교는 그들에게 외면받을 수밖에 없다. 특히 장로나 집사 같은 교회 직분자들의 수준부터 끌어올려야 한다.

목사 스스로 끊임없이 성장해야

품격 있는 설교를 하기로 방향을 정했다면 계속해서 연구하는 목사가 되어야 한다. 대중적인 설교는 한두 가지 통찰이나 몇 가지 영감, 재미있는 예화만 있어도 가능하다. 하지만 품격 있는 설교는 그런 식으로 이루어지지 않는다. 목사는 평소에 신학 서적을 많이 읽어서 신학적 통찰력을 기르고, 난해한 문제를 변증학적으로 풀어가는 능력을 키워야 한다. 축복이나 성공 혹은 치유 같은 몇 가지 대중적 주제를 넘어서는 다양한 주제에도 깊은 관심을 가지고 성경을 연구해야 한다.

목사는 어떻게 성장하는가? 신학교에서 오랫동안 경건회에 참석하면서 수많은 목사들의 설교를 들었다. 획일적으로 말할 수는 없지만 대부분 50대 중반이 넘어가면서 설교 수준이 예전만 못하다는 인상을 받았다. 너무나 익숙해진 탓일까? 설교가 뻔한 내용으로 흐르는 경우가 많았다. 특히 이 시대의 고민을 담아내지 못하고 자신의 경험치를 벗어나지 못했다. 가장 큰 이유는 목사가 성장을 멈추었기 때문일 것이다. 성장을 멈춘 가장 큰 이유는 더 이상 성장할 필요를 느끼지 못했기 때문이다.

목사는 스스로 배우겠다는 생각이 없으면 절대로 성장할 수 없는 존재다. 교회에서 목사를 가르칠 사람은 아무도 없다. 따라서 목사가 성장하는 데 가장 중요한 자질은 겸손이다. 자기 스스로 설교를 잘하고 있다고 생각하는데 무엇을 더 배우려 하겠는가? 또한 수준 높은 설교가 필요없다고 생각하는데 어떻게 설교의 수준이 올라가겠는가?

철이 철을 날카롭게 하듯이 목사를 성장시킬 수 있는 사람은 목사 자신뿐이다. 성장하겠다고 스스로 결심했다면 함께 공부하고 교제할 수 있는 목사 소그룹 모임에 참여하기를 권한다. 매주가 힘들다면 한 달에 한 번이라도 모여서 독서 모임을 갖고 설교 비평도 하면서 지속적으로 설교문 작성 능력을 길러야 한다. 1년에 두 차례씩은 일주일 정도 집중적으로 성경이나 신학을 공부할 시간을 갖는 것도 좋다. 때로는 신학 교수나 강사를 초청하여 원하는 주제에 대한 특별 강의를 들을 수도 있다. 1년에 한 번 정도는 기도원에 가서 금식하면서 성경을 집중적으로 읽는 일도 필요하다. 작은 교회 목사일수록 이런 모임에 참석하기가 쉽지 않은 실정이다. 목사가 스스로 성장할 수 있는 제도 장치를 확보하기 위해서는 목회 계획 자체를 획기적으로 바꾸기로 결단해야 한다.

12 자주 하는 질문들

Q 1. 설교 시간은 얼마가 적당한가?

설교의 길이는 설교에서 본질적인 문제는 아니지만 성도들은 설교 시간에 생각보다 민감한 편이다. 신학생들을 가르치다보면 설교 시간은 어느 정도가 적절한지 자주 질문을 받는다. 물론 정해진 답은 없지만 이 문제에 접근하는 방법은 알고 있어야 한다. 참고로 청교도 시대에는 설교 시간이 네다섯 시간에 이른 경우도 있었다. 하지만 그것을 오늘날 기준에 맞출 수는 없다. 그것은 성경적인 설교가 아주 희귀한 당시 상황 속에서 참된 설교에 대한 갈급함이 성도들에게 가득 차 있었기 때문에 가능한 일이었다.

적절한 설교 시간이 따로 있는 게 아니라면 설교자들은 일반적으로 자기 소견에 옳은 대로 설교의 길이를 정한다. 말을 많이 해야 하나님께서 들으신다고 생각하여 중언부언하는 성도들이 있는 것처럼 '말을 많이 해야 성도들이 잘 이해할 것'이라고 생각하여 설교를 길게 하는 설교자들도 있는 듯하다. 심지어 설교를 짧게 해달라는 성도들의 간청마저 '하나님의 말씀'에 이의를 제기하지 말라며 간단히 무시하는 경우도 많다.

목사의 설교가 길어지는 이유는 간단하다. 설교를 길게 할수록 효과적이라고 생각하기 때문이다. 습관적으로 길게 하는 경우도 많다. 설교가 짧으면 설교 준비를 제대로 하지 않는다는 비난을 들을까 봐 길게 하는 설교자도 있다. 이런 식으로 설교 길이를 결정하면 감동적인 설교와는 점점 더 멀어진다. 설교의 길이 자체가 중요한 것은 아니지만 이를 무시해서도 안 된다.

설교 시간의 길이는 교회 환경을 고려해야 한다. 대형 교회의 경우 설교 길이가 한 시간이 넘어도 크게 상관없다. 한 시간이 넘는 설교더라도 얼마든지 수용할 수 있는 교인들이 대부분이기 때문이다. 그들은 한 시간이 넘는 설교에 익숙해졌고, 그러한 설교에서 분명 유익을 얻었을 것이다. 하지만 개척 교회는 상황이 아주 다르다.

개척 교회에서는 기본적으로 30분 이내의 짧은 설교가 바람직하다고 본다. 한 시간에 가까운 설교를 소화할 수 있는 교인들이 거의 없기 때문이다. 교회에 처음 나왔다가 긴 설교에 질려서 다시는 그 교회를 찾지 않을지도 모른다.

15분짜리 설교와 40분짜리 설교는 당연히 같을 수 없다. 같은 본문과 주제를 다루더라도 그 구성은 완전히 달라져야 한다. 길이에 따라서 설교의 구성을 다르게 하는 것이다. 15분짜리 설교는 핵심을 중심으로 간결하게 구성한다면, 40분짜리 설교는 상세한 설명을 포함하되 역동적인 방식으로 구성해야 한다. 결론적으로 말해 설교를 마쳤을 때 "벌써 40분이 지났어?" 하는 반응이 나오도록 해야 한다. 그렇다고 설교를 흥미 위주로만 만들라는 말이 아니다.

자녀들과 함께 예배를 드리는 경우, 설교 시간은 어린 자녀들이 어느 정도 감당할 수 있는 정도가 되어야 한다. 그러나 어린이라고 해서 무시하면 안 된다. 다소 긴 설교라 할지라도 잘 구성하면 어린이들도 설교를 진득하게 들을 수 있다. 내가 출석하는 교회는 어린이와 통합 예배를 드리고 있는데 어린이들도 잘 적응하고 있다.

설교자 스스로가 설교 시간에 일관성 있는 태도를 가져야 한다. 자신이 (다른 설교자가) 짧게 설교하는 것을 좋아한다면 자신부터 설교를 짧게 하는 것이 스스로에게 정직한 일이다. 회중석에 앉아서 들을 때는 긴 설교를 싫어하면서 정작 강단에 올라가서는 길게 설교한다면 말이 안 된다. 일관성 있는 설교를 위해서는 자신의 설교가 다른 사람의 것보다 낫다는 생각을 버려야 한다.

이렇게 설명해도 꼭 몇 분이 설교 시간으로 적당한지 질문하는 학생이 있다. 가장 좋은 방법은 목사인 나의 설교를 가장 잘 알고 있는 아내에게 "내가 몇 분 정도 설교하는 것이 좋겠어요?"라고 물어보는 것이다. 참고로 나의 설교 시간은 항상 25-30분이고, 설교문은 A4 용지로 5-6매 정도의 분량이다. 서론에 5분의 4매, 결론에 3분의 2매, 그리고 나머지를 3대지로 이루어진 본론으로 구성한다. 특별한 이유가 없는 한 설교 시간을 항상 일정하게 유지한다.

Q 2. 왜 다들 내 설교가 어렵다고 하는 걸까?

예수님께서 오병이어의 기적을 행하신 후 그 의미에 대해 제자들에게 문답식으로 열심히 가르치셨다. 그런데 제자들의 반응은 "이 말씀은 어렵도다. 누가 들을 수 있느냐"(요 6:60)였다.

성도가 설교를 어렵게 느끼는 경우는 몇 가지로 구분할 수 있다. 첫째, 설교의 주제 자체가 어려운 경우다. 목사는 최대한 쉽고 분명하게 전달하려고 노력해야 하지만 복음의 진리는 결코 쉽지 않다. 예수님은 최대한 쉽게 오병이어의 의미를 설명하셨지만, 그분의 살이 우리에게 참된 양식이라는 말씀을 당시 제자들이 이해하기는 쉽지 않았을 것이다.

둘째, 설교에 논지가 없거나 흐린 경우다. 쉬운 용어와 예화를 많이 쓴다고 해서 설교가 쉬워지는 건 아니다. 논지가 불분명하면 설교가 산만해지고 청중은 설교가 어렵다고 느낀다. 무슨 소리를 하는지 도무지 이해되지 않기 때문이다. 이것은 전적으로 설교자의 책임이다. 주로 설교자 자신이 완전하게 이해하지 못하고 설교할 때 이런 현상이 나타난다.

셋째, 설교의 내용이 생소한 경우다. '어려움'과 '생소함'은 구별되어야 한다. 쉬운 내용일지라도 처음 듣거나 생소하면 어렵게 느껴질 수 있다. 그런 경우에도 청중은 생소하다고 말하기보다 어렵다고 말한다. 따라서 설교자는 자신의 설교가 생소한 것인지 아니면 정말로 어려운 것인지 구분해야 한다. 내용이 생소한 것이라면 청중이 그와 같은 설교에 익숙해지도록 여러 교육 수단을 동원해야 할 것이다.

넷째, 설교의 내용이 긴 경우다. 감각적이고 직관적인 대중문화에 익숙한 현대인들은 긴 설교를 소화할 능력이 현저히 떨어진다. 이런 문화 속에서 긴 설교를 잘하기란 여간 힘들지 않다. 설교의 내용에 신경 쓸 뿐만 아니라 구성도 훨씬 더 치밀하게 짜야 청중에게 좀 더 가까이 다가갈 수 있다. 가장 좋은 방법은 설교를 짧게 하는 것이다. 긴 설교를 쉽게 하는 은사를 가진 설교자는 그리 많지 않다. 문제는 설교자 자신은 설교를 잘하고 있으며 아무 문제 없다고 생각한다는 데 있다.

다섯째, 청중이 목사를 싫어하는 경우다. 최악의 경우라고 할 수 있다. 일반적으로 성도들은 대놓고 "나는 목사님이 싫어요"라고 말하지 않는다. 보통은 "설교가 어려워요" 혹은 "설교가 은혜가 되지 않아요"라고 에둘러서 표현한다. 설교 자체에 아무런 문제가 없더라도 성도와의 관계가 회복되지 않는 한 설교가 어렵다는 소리를 계속 듣게 될 것이다. 한두 명만 그런 소리를 한다면 그 성도에게 문제가 있기 쉽지만, 여러 명에게 그런 소리를 들으면 설교자는 자신을 더욱 겸허하게 돌아보아야 한다.

설교자는 평소에 늘 자신을 점검해야 한다. 무엇보다 가장 가까이에 있는 아내의 쓴소리에 귀 기울일 것을 권한다. 몇몇 지인들에게 설교를 모니터링해달라고 부탁할 수도 있다. 설교 능력을 키우기에 제대로 된 설교 비평보다 더 좋은 방법은 없다. 물론 격려도 필요하다. 하지만 격려라면 예배 후 성도들에게 "오늘 설교에 은혜 많이 받았습니다"라는 말을 많이 듣지 않는가? 칭찬에 매몰되어서는 안 된다.

Q 3. 왜 우리 목사님은 설교를 못할까?

이 질문에 사람마다 다르게 대답할 것이다. 설교를 못하는 것은 결국 설교자에게 문제가 있기 때문이다. 단순히 기술적인 문제라면 시간을 두고 노력하면 해결되겠지만 근본적인 문제는 그런 식으로 해결될 수 없다. 설교자의 삶 자체를 바꾸지 않는 한 설교는 바뀌지 않는다. 신학교에 재직하면서 외부 목사들의 설교를 들을 기회가 자주 있는데, 대체로 세월이 흐르면서 설교가 제자리에 머무는 모습을 보게 된다. 왜 이런 일이 일어날까? 다음 몇 가지 이유를 대표적으로 생각해볼 수 있다.

첫째, 분주하기 때문이다. 설교자의 삶이 분주하면 설교가 산만해진다. 이는 오늘날 설교자에게 가장 큰 적이다. 설교자 자신은 설교가 가장 중요하다고 말하지만 실제로 그의 일정표는 그렇게 말하고 있지 않다. 정말로 설교가 가장 중요하다고 생각하면 설교 준비에 가장 많은 시간을 투자하지 않겠는가? 설교를 제대로 준비하기 위해서는 충분한 시간을 확보해야 한다. 설교 한 편을 준비하는 데 시간이 얼마나 필요할까? 교회 행사를 대폭 줄이고 설교 횟수도 줄이지 않으면 제대로 된 설교를 하기가 힘들다. 특히 작은 교회의 목사는 큰 결단을 하지 않는다면 일주일에 한 편만 설교하는 대형 교회 목사보다 설교를 더 잘하기란 불가능하다.

둘째, 책을 읽지 않기 때문이다. 독서할 줄 모르는 독맹(讀盲)은 설교에 깊이가 없다. 설교에서 깊은 메시지가 우러나오려면 폭넓은 독서를 통한 인문학적 소양이 필수적이다. 시간이 없다는 핑계로 독서를 하지 않으면 독서 능력은 점점 더 떨어지면서 자연스레 책을 멀리하게 된다. 이쯤 되면 책을 안 읽는 게 아니라 못 읽는다고 보아야 한다.

셋째, 매너리즘에 빠져 있기 때문이다. 설교 준비에 시간을 투자하지 않고 평소 독서도 하지 않으니 뻔한 설교만 하게 된다. 설교에 간절함이나 긴장감이 전혀 느껴지지 않는다. 그러니 감동도 없다. 뻔한 설교란 틀린 설교를 의미하지 않는다. 설교자 자신은 바른 설교를 했으니 아무 문제가 없고 설교를 듣고도 변화가 없는 청중에게 문제가 있다고 생각한다. 뚜렷한 원인 없이 교인 수가 조금씩 줄어들고 있다면, 혹시 나의 설교가 매너리즘에 빠진 것은 아닌지 돌아보아야 한다.

넷째, 착각하고 있기 때문이다. "믿습니까?"라는 뻔한 질문에 성도들이 "아멘, 아멘" 하며 응답하니 자신이 설교를 잘하고 있다고 착각하는 목사들이 의외로 많다. 한 설문조사에 따르면 목사의 90퍼센트가 자신이 설교를 잘하고 있다고 응답했다. 이런 착각에 빠져 있는 한 설교는 발전할 가능성이 없다. 자신의 부족함과 연약함을 진심으로 인정하는 데서 발전은 시작된다.

Q 4. 설교자의 시선, 어떻게 처리할 것인가?

설교 시간에 설교자는 청중을 바라보고 청중은 설교자를 바라본다. 설교가 순전히 말로만 구성된다면 설교자나 청중이나 서로를 바라볼 필요가 없다. 그냥 눈을 감은 채 설교를 들어도 된다. 하지만 설교자와 청중의 시선 교감은 설교에서 상당히 중요한 요소다. 이와 같은 교감이 없다면 설교는 정보 전달 이상의 것이 되기 어렵다. 설교 시간에 설교자와 청중이 서로를 바라보지 않을수록 설교의 효과는 떨어질 수밖에 없다. 설교자가 설교를 하는데 청중이 모두 고개를 숙이거나 천장을 올려다보고 있다고 생각해보라. 설교에서 시선이 얼마나 중요한지 금세 이해될 것이다.

설교자는 1인이고 청중은 다수이기 때문에 '서로 바라봄'은 비대칭적으로 이루어진다. 청중은 설교자 한 명만 바라보면 되지만, 설교자는 한 명의 청중만 바라볼 수는 없다. 실제로 그렇게 한다면 그 한 사람이 얼마나 당황스럽겠는가? 설교자는 최대한 청중 전체를 골고루 바라보도록 노력해야 한다. 이때 기계적으로 시선을 옮기지 않도록 주의하라. 사실 청중의 시선이 온통 설교자 한 사람에게 집중된 상황에서 설교자가 시선을 자연스럽게 분산하기란 쉬운 일이 아니다.

눈맞춤(eye contact)은 설교에서 설교자와 청중 사이에 이루어지는 최소한의 교감이다. 오늘날 이러한 교감이 점점 사라지고 있다. 스크린의 등장이 가장 큰 이유다. 스크린은 예배당에서 멀리 떨어져 앉은 청중이 설교자를 좀 더 잘 볼 수 있게 하기 위해, 그래서 설교자와 청중의 소통을 강화하기 위해 설치한 것인데, 오히려 교감을 약화시킨다니 아이러니한 일이다. 설교자의 얼굴을 잘 볼 수 있으니 교감도 더 잘 이루어질 것 같지만 현실은 정반대다. 설교자는 청중을 바라보지만, 청중은 설교자가 아니라 설교자 뒤편 위에 걸려 있는 스크린을 바라보기 때문이다. 설교자와 청중의 시선이 어긋나는 것이다. 이런 상황에서는 시선 교감이 애초에 불가능하다.

스크린의 등장으로 청중은 예배당 안에 있어도 실제로는 집에서 TV를 보는 것과 다를 바가 없게 되었다. 오늘날 청중은 알게 모르게 이런 설교 방식에 익숙해지고 말았다. 스크린이 대형화되다보니 목사의 피부 상태까지 고스란히 교인들에게 노출되었다. 목사들이 설교단에 오를 때 화장을 하게 된 이유 중 하나다. 스크린은 찬양 인도에도 영향을 미쳤다. 설교 시간보다는 사정이 좀 낫기는 하지만 찬양 시간에 교인들은 역시 인도자를 보지 않고 그 뒤에 있는 대형 스크린을 바라본다.

설교 시간에 목사는 자신이 아니라 자신의 영상을 쳐다보고 있는 청중을 바라보면서 설교를 하게 되었다. 청중이 자신의 말을 이해하는지는 간접적으로만 파악하거나 느낄 수 있다. 이 문제를 어떻게 해결해야 할까? 가장 좋은 방법은 설교 시간에 스크린을 사용하지 않는 것이다. 스크린에 익숙해진 성도들은 더욱 영상 예배를 선호하게 되고, 그러다보면 굳이 교회에 올 필요성을 느끼지 못하게 될 수도 있다.

설교는 본질적으로 들려주는 행위다. 정말 목사의 얼굴을 보아야 설교가 더 잘 들린다고 생각하는 성도들은 일찍 와서 앞자리에 앉으면 된다. 스크린이 설교에 방해가 된다고 생각하는 성도들도 적지 않다. 특히 작은 교회는 설교 시간에 꼭 스크린을 사용할 필요가 없다. 스크린 없이도 서로를 바라보며 시선을 나눌 수 있는 작은 교회만의 장점을 살려보자.

Q 5. 도대체 무엇을 위해 설교하는가?

세상에는 여러 말이 있고 그 말에는 각각의 목적이 있다. 설교는 인간의 언어로 표현된 하나님의 말씀이다. 그렇다면 설교를 하는 목적은 무엇인가? 아마 설교자마다 각자의 목적이 있을 것이다. 어떤 설교자는 청중에게 본문의 내용을 잘 이해시키려고 노력하는데, 이 경우에 설교는 대개 강의가 된다. 어떤 설교자는 성도들의 삶을 변화시키려고 노력하는데, 그런 설교를 보면 "~을 하십시오"라는 권면이나 지시로 가득 차 있다. 또 어떤 설교자는 말씀으로 성도들을 위로하려고 노력하는데, 이런 설교는 감동은 줄지 몰라도 "형제들아, 우리가 어찌할꼬"와 같은 탄식을 동반한 깊은 찔림은 주지 못한다.

설교의 목적을 알아야 하는 이유는 그래야 설교를 정확히 평가할 수 있기 때문이다. 아무리 설교를 잘 전달했더라도 원래의 목적을 이루지 못했다면 좋은 설교라고 할 수 없다. 예를 들어 회개를 촉구하는 설교를 했는데 성도들이 찔림을 받기는커녕 "우리 교회는 별 문제 없네" 하는 반응을 보인다면, 좋은 설교를 했다고 볼 수 없다.

설교의 목적과 관련해 요한 사도는 중요한 교훈을 주고 있다.

> 우리가 보고 들은 바를 너희에게도 전함은 너희로 우리와 사귐이 있게 하려 함이니 우리의 사귐은 아버지와 그의 아들 예수 그리스도와 더불어 누림이라(요일 1:3).

물론 이 구절을 설교에 그대로 적용하기에는 무리가 있다. 사도들이 전한 복음은 하나님의 계시 자체지만, 설교자가 전하는 복음은 계시 자체가 아니라 계시에 대한 해석과 적용이기 때문이다. 그럼에도 불구하고 그 목적, 즉 계시의 목적과 설교의 목적은 동일하다. 설교에 대한 요한 사도의 가르침을 정리하면 다음과 같다.

1) 설교는 설교자 개인의 깨달음이 아니라 보고 들은 바를 전하는 증언이다.
2) 설교의 목적은 성도들에게 정확한 지식을 제공하는 데 있지 않다.
3) 설교의 목적은 성도들에게 감동을 주는 것도 아니다.
4) 설교의 목적은 성도들에게 봉사를 독려하는 것도 아니다.
5) 설교의 목적은 코이노니아다. 설교를 통해 듣는 자와 전하는 자의 사귐이 이루어지고, 이 사귐은 반드시 삼위 하나님과의 사귐으로 나아가야 한다.
6) 설교의 목적을 정확히 알아야 좋은 설교자가 될 수 있다.
7) 요한일서 1장 3절만 알아도 좋은 설교자를 구분할 수 있는 신실한 신자가 될 수 있다.
8) 요한일서 1장 3절을 알면 인터넷에 떠도는 설교가 지닌 한계를 분명히 인식할 수 있다.

Q 6. 성경 원어(헬라어, 히브리어)나 영어를 사용해도 되는가?

기본적으로 설교 시간에 헬라어나 히브리어를 인용하는 것은 최대한 자제하는 것이 좋다. 꼭 사용할 필요가 있다면 원어를 정확하고 분명하게 발음해야 한다. 설교자의 발음이 어눌하면 청중은 설교자가 자기 지식을 과시하기 위해 원어를 사용한다고 생각하기 쉽다. 해당 원어를 충분히 숙지하고 있으면 별 문제가 없지만, 그렇지 않다면 설교 전에 충분히 발음 연습을 해두어야 한다. 성경의 언어에는 평소에 잘 사용하지 않는 것이 있으므로 실제로 몇 번 소리 내어 발음해보는 것이 좋다. 설교문에도 하이라이트로 표시하여 쉽게 눈에 띄게 하는 방법도 좋다.

영어 인용은 성경 원어를 인용하는 것과 또 다른 성격을 띤다. 성도들 중에 영어를 잘하는 사람이 적지 않기 때문이다. 영어 인용이 한두 단어로 이루어졌으면 별 문제가 없겠지만 한 문장을 통째로 인용할 때에는 보다 신경을 써야 한다. 영어 발음이 현저히 나쁠 경우 설교자는 일부 청중에게 무시를 당하기 쉽다. 영어를 인용할 때에는 최대한 자연스럽게 인용하는 것이 좋으며, 그렇게 할 수 없다면 아예 사용하지 않는 편이 낫다.

Q 7. 다른 사람의 글은 어떻게 인용해야 하는가?

설교에 정말 필요하다고 판단될 경우에 다른 사람의 글을 인용할 수 있다. 그런 경우 설명이 더 이상 필요없을 정도로 설교의 문맥을 정확히 드러내는 것을 인용해야 한다. 인용문 자체가 어려워서 또다시 설명을 해야 한다면, 그로 인해 설교의 흐름이 끊기고 말 것이다. 인용문의 저자는 청중 대부분이 알고 있거나 해당 분야에서 권위가 있는 사람이면 좋다. 어거스틴이나 칼뱅과 같이 역사적으로 검증된 기독교 위인이 무난하다. 인용문의 저자가 그리 유명하지는 않아도 설교에 꼭 인용해야 한다면, 그를 아주 간단히 소개할 필요도 있다. 다른 사람의 글을 인용할 때에는 고려할 요소가 많다는 점을 기억해야 한다. 단지 내용이 좋다고 해서 무조건 인용하는 것은 지양한다.

인용문이 한두 문장 정도로 간단하다면 천천히 또박또박 읽도록 한다. 설교자는 이미 알고 있더라도 청중은 처음 듣는 문장일 수 있음을 고려해야 한다. 그렇지 않으면 낭독이 빨라질 수 있다. 서너 줄이 넘어가는 문장은 웬만큼 잘 읽더라도 의미 전달이 어려우므로 다른 방편을 생각해본다. 예를 들어 신문 기사를 인용할 경우, 쉽게 이해되는 부분은 조금 빨리 읽고, 설교의 주제와 관련된 부분을 강조하거나 반복해서 읽는 것이 좋다. 또는 신문 기사를 본인의 말로 쉽게 풀어서 인용하다가 핵심 내용만큼은 있는 그대로 또박또박 읽는 것도 효과적이다. 핵심 인용 문장에 빨간색 밑줄을 그어 놓으면 강조 부분을 쉽게 찾을 수 있다.

시나 복음성가 가사와 같이 산문이 아닌 글을 인용할 때에는 더 고민할 필요가 있다. 시 구절은 일반적으로 그 의미가 함축적이기 때문에 이해하는 데 시간이 걸린다. 그러므로 듣기만 해도 무슨 내용인지 쉽게 파악할 수 있는 문장을 인용하는 것이 가장 좋다. 그렇지 않다면 최대한 천천히 읽고, 때로는 핵심 단어에 대해 충분히 설명해야 한다.

Q 8. 어려운 단어는 사용하면 안 되는가?

설교는 무조건 쉬워야 한다고 생각하는 사람은 설교에 어려운 단어를 아예 사용하지 말아야 한다고 여긴다. 하지만 성경 자체에 어려운 단어가 많이 나오는 데다가 설교를 하기 위해서는 난해한 교의학적 단어를 사용해야 할 때가 있다. 대표적으로 '견인'이나 '섭리' 같은 단어를 써야 할 경우 어떻게 해야 할까?

사극 드라마를 생각해보자. 옛날 사극을 어린이라고 해서 이해하지 못하는가? 그렇지 않다. 심지어 '가라사대' 같은 옛날 말투를 사용해도 다 이해한다. 현대인들이 잘 모르는 어려운 한자가 쓰일 경우에는 극중 대사로 자연스럽게 설명하거나 아예 자막으로 그 뜻을 전달하기도 한다. 설교를 쉽게 한다고 해서 어려운 단어의 사용을 금할 필요는 없다. 적절히 사용하면 오히려 설교의 깊이를 더할 수 있다. 물론 한 설교에 어려운 단어가 많이 나오는 것은 바람직하지 않다. 다만 설교의 흐름을 방해하지 않는 선에서 두세 개 정도의 어려운 단어를 적절하게 풀이하면서 사용한다면 문제가 되지 않는다. 다만 그 단어를 효과적으로 설명하는 것이 중요하다. 평소에 성도들이 성경공부를 통해 어렵지만 중요한 단어의 뜻을 이해하고 익숙해지도록 할 필요가 있다.

Q 9. 어려운 본문은 어떻게 설교해야 하는가?

이 질문에 대해서는 웨스트민스터 신앙고백서 1장 7항을 기억하는 것이 중요하다.

> 성경에 포함된 모든 진리가 그 명백성에서 동일하지는 않다. 그러나 우리가 믿고 지켜야 할 구원의 도리는 성경에 명백히 해설되었고 또 나타나 있다. 그러므로 유식한 자든지 무식한 자든지 평범한

지각을 적절히 사용해도 그 진리들을 만족히 알 만하다.

성경에 기록된 모든 것은 하나님의 말씀이다. 성경은 우리의 구원에 필수적인 것을 전달하는 데 있어 명료하며, 누구든지 열심히 공부하면 그 내용을 이해할 수 있다. 하지만 성경의 모든 내용이 다 명료한 것은 아니다. 어떤 것은 어렵거나 모호하기도 하다. 이것들은 보다 쉽고 명료한 본문으로 해석해야 한다. 때로는 훌륭한 연구서도 참고할 필요가 있다.

성경의 내용 자체는 오류가 없지만 성경을 해석하면서 얼마든지 오류가 생길 수 있다. 난해하거나 모호한 본문일수록 그러하다. 요한계시록같이 상징으로 가득 찬 성경 본문은 신학 훈련을 잘 받지 않으면 해석하기가 쉽지 않다. 한편 레위기 본문은 이해하기는 쉬워도 오늘날 성도들에게 올바로 적용하기는 어렵다. 따라서 초보 설교자들이라면 이와 같은 본문은 충분히 준비되기 전까지는 피하는 것이 좋다.

불가피하게 어려운 본문을 설교해야 하는 상황이 온다면, 본문 연구를 최대한 많이 하는 수밖에 없다. 그래도 해석에 자신이 없는 부분은 그냥 넘어가는 것이 좋다. 본문에서 분명한 부분만 확신을 가지고 설교하는 편이 훨씬 효과적이다. 설교는 주석이 아니므로 모든 구절을 일일이 설명할 필요가 없다. 설교자가 본문의 의미에 최종적인 확신 없이 여러 학자들의 견해만 소개한다면 오히려 청중에게 혼동을 일으킬 것이다. 설교의 최종 목적은 이해가 아니라 설득에 있다는 점을 잊어서는 안 된다. 청중의 이해가 다소 미흡하더라도 본문의 말씀에 (비록 일부라 하더라도) 확신을 갖게 하는 것이 설교의 기능이다.

Q 10. 설교 시간에 찬송을 해도 되는가?

부흥집회가 아닌 한 설교 시간에 찬송을 하는 것은 적절치 않다. 물론 절대적으로 불가한 일은 아니다. "그들이 찬미하고 감람산으로 가니라"(막 14:26)를 본문으로 설교했다고 가정하자. 설교자는 "그들이 무슨 찬송을 불렀을까요?"라고 질문할 수 있다. 전통적으로 할렐루야 시편으로 알려진 시편으로 찬송했다고 본다면, 설교 시간에 청중과 함께 한 소절 정도는 부를 수 있을 것이다. 하지만 이와 같은 예는 그리 많지 않다.

찬양의 은사가 탁월한 목사라면 설교 시간에 찬송을 부를 수도 있을 것이다. 하지만 기분에 따라 내키는 대로 찬송을 부르는것은 자제해야 한다. 본인은 그 찬송에 은혜를 받을지 모르지만 청중은 겉으로 표현하지 않을 뿐 속으로는 거부감을 가질 수 있다. 다른 교회에 초청을 받았을 때에도 마찬가지다. 그 교회의 분위기를 전혀 모르는 상태에서 설교 시간에 찬송을 부른다면 무례한 행동이 될 수 있다. 가장 좋은 방법은 당연히 설교 후에 설교 내용에 적합한 찬송을 함께 부르는 것이다. 찬송 선곡도 신경 써서 미리 준비해 둔다.

Q 11. 설교를 어떻게 향상시킬 수 있는가?

대부분의 목사들은 자신이 설교를 잘한다고 생각한다. 그 이유가 무엇일까? 여러 이유가 있겠지만 설교가 끝나고 나서 성도들이 보이는 반응 때문일 것이다. 예배 후 성도들 중에 목사에게 인사하면서 "목사님, 설교가 참 은혜로웠어요", "오늘 설교는 꼭 제게 하신 말씀 같았어요"라고 말하는 이들이 있다. 하지만 이런 덕담에 길들면 안 된다. "목사님, 오늘 설교는 영 별로네요", "요즘 바쁘신지 설교 준비를 별로 못하신 것 같아요"라고 말하는 성도들은 거의 없을 테니 말이다. 특별한 경우가 아닌 한 목사는 성도들에게 좋은 소리만 듣는다. 그러다 보면 칭찬을 당연하게 여기고, 혹여 자신의 설교에 은혜를 받지 못한 성도가 있다면 그 사람의 책임이라고 생각하게 된다. 칭찬의 함정에 빠지면 설교가 향상될 여지는 사라지고 만다.

설교를 향상시킬 수 있는 방법은 간단하다. 신학대학원 때 배우는 설교 실습이야말로 설교를 향상시키는 거의 유일한 방법이다. 설교 실습을 통해 설교가 향상되는 방법은 크게 두 가지다. 먼저 원우들과 지도교수에게 자신의 설교를 들려준 후 객관적인 비평을 받으면서 자신의 장단점을 알게 된다. 또한 다른 원우들의 설교를 비평적으로 듣고 평가하면서 자신의 설교를 돌아보게 된다. 물론 자신의 장단점을 인지했다고 해서 설교가 달라지는 것은 아니다. 하지만 설교 실력의 향상은 여기서 시작된다.

아쉽게도 신학교를 졸업하고 나면 더 이상 설교 실습을 할 기회가 없다. 스스로 배우려고 하지 않는 한 지도해줄 사람은 아무도 없다. 대부분의 신학대학원생은 졸업하면서 설교의 성장이 멈춘다. 시간이 지날수록 설교 실력이 줄어드는 경우도 적지 않다. 교회마다 다르겠지만 어떤 교회는 설교할 기회를 거의 주지 않는다. 어떤 교회는 설교를 너무 많이 맡겨서 준비를 충분히 하지 못하고 강단에 오르는 교역자들도 있다.

설교 실습이 설교를 향상시키는 거의 유일한 방법이라면 스스로 설교 실습을 자주 혹은 정기적으로 하는 수밖에 없다. 가장 쉬운 방법 중 하나는 자신의 설교문을 다듬는 것이다. 이미 작성했던 기존의 설교문을 자주 비평적으로 읽고 다듬는 것이 좋다. 다른 부서에서 설교를 부탁받았을 때, 동일한 본문이지만 한층 업그레이드된 설교문을 준비해서 설교할 수 있다. 사역지를 옮겼을 때, 전 사역지에서 했던 설교를 반복하는 것도 나쁘지 않다. 초보자일 때는 새로운 설교를 만들기보다 기존의 설교를 향상시키는 것을 추천한다.

지난 설교문으로 설교할 때는 (당연히) 기존의 것을 그대로 반복하면 안 된다. 지난 설교문을 계속 읽고 다듬으면서 문장이나 표현, 예시 등을 보다 나은 것으로 바꿔야 설교가 향상된다. 아마 오랜만에 자신의 지난 설교문을 보면 스스로 부끄러워질 것이다. 그것은 그만큼 설교를 보는 안목이 알게 모르게 높아졌음을 의미한다. 높아진 안목에 따라 설교문을 다듬는다면 적어도 지난 설교보다 나은 설교가 될 것이다.

설교 실습의 본질은 평가다. 지난 설교문을 다듬는 것은 셀프 평가인 셈이다. 이것만 잘해도 훌륭한 설교자라고 할 수 있다. 하지만 더 훌륭한 설교자가 되기를 원한다면 보다 더 객관적인 평가가 필요하다. 설교를 듣는 사람은 설교자가 아니라 청중이므로 진정한 평가는 청중에게서 나온다. 고통스럽지 않은 평가는 없다. 상당수의 목사가 설교 평가를 견디기 힘들어한다. 그래서 평가 자체를 거부하면서 산다. 어차피 평가를 들어도 고치지 못하기 때문에 설교 평가가 도움이 되지 않는다고 생각하기도 한다.

영원한 야당이라고 불리는 목사의 아내는 좋은 평가자가 되어줄 수 있다. 실제로 사모야말로 목사에게 설교에 대해 솔직하게 말하는 유일한 청중인 경우가 많다. 따라서 목사는 아내를 좋은 평가자로 만들기 위해 노력해야 한다. 하와가 아담을 돕는 배필로 창조되었듯이 설교자의 아내는 설교자를 돕는 배필로 창조되었다고 보며 그렇게 대해야 한다. 아내를 청중의 대표로 존중하고 그의 평가를 진지하게 받아들이라. 사모도 목사 남편의 설교를 무조건 비판하거나 칭찬하기보다 지혜롭게 조언할 필요가 있다. 정말 설교를 더 잘하고 싶은가? 그렇다면 평가를 두려워하지 말라.

| 특강 | 청빙 설교, 어떻게 할 것인가? |

설교를 많이 한 목사라 하더라도 청빙 설교에 관한 한 사실상 초보자라고 할 수 있다. 이 사실을 겸허하게 인정해야 청빙 설교를 잘할 수 있다. 모든 설교가 중요하지만 목사 개인에게 가장 중요한 설교는 청빙 설교가 아니겠는가? 담임 목사 청빙이 목사 개인에게 얼마나 중요한지는 설명할 필요도 없다. 설교 한 편으로 청빙이 결정되는 것은 아니지만 직분자가 아닌 교회 성도들에게 미치는 영향은 거의 결정적이라고 할 수 있다. 성도들이 청빙 후보를 판단하는 일은 설교 말고는 거의 없다는 점을 생각하면, 청빙에서 설교가 차지

하는 위상을 알 수 있다.

그러나 아쉽게도 청빙 설교는 그 중요성만큼 설교자들에게 관심을 끌지 못하는 것 같다. 청빙에는 지대한 관심을 가지면서 청빙 설교에는 왜 관심을 덜 갖는 걸까?

내가 청빙 설교에 관심을 갖게 된 계기는 첫 설교 실습 수업이었다. 일반적으로 설교 실습은 두 명이 실제로 설교를 하고 나면, 이를 경청한 나머지 학생들이 돌아가면서 비평을 하고 지도교수가 마무리하는 형식으로 진행된다. 이와 같은 설교 실습은 실제 설교와 너무나 다르기 때문에 설교 실습조차 현실과 동떨어졌다는 느낌을 강하게 받았다. 그렇다면 설교 실습 형식과 실제로 가장 가까운 설교는 무엇인지 고민했다. 이 고민에 대한 해답을 나는 청빙 설교에서 찾았고, 이후로 학생들에게 두 번 중 한 번은 청빙 설교를 실습하게 했다. 청빙 설교는 예배 후 성도들의 투표를 통해 평가를 받는다는 점에서 설교 실습보다 훨씬 더 긴장감이 높을 수밖에 없다.

청빙 설교는 아주 특별한 설교다. 평생 동안 이 설교를 할 수 있는 기회는 많지 않다. 이와 관련된 자료도 많지 않기 때문에 대부분의 후보자들은 별 고민 없이 자기가 판단하기에 그동안 가장 잘했다고 생각하는 설교를 선택하는 경우가 많다. 하지만 청빙 설교는 일반 설교와 그 성격이 완전히 다르다. 이 점을 제대로 이해하지 않으면 아무리 좋은 설교라도 효과적으로 들리기가 쉽지 않다. 어떤 사람들은 아무것도 따지지 않고 그냥 평소대로 설교를 하는 경우도 있는데, 오히려 청중의 반감을 살 수 있다.

청빙 설교는 의외로 고려할 것이 많으므로 이것들을 숙지하여 설교를 준비하는 것이 좋다.

첫째, 청중은 설교자가 어떤 사람인지 전혀 알지 못한다.

평소에 잘 아는 청중 앞에서 설교하는 것과 그렇지 않은 청중 앞에서 설교하는 것은 상당히 다르다. 설교자는 청빙 설교에서 이 점을 꼭 기억해야 한다. 평소에는 사투리를 사용하는 것이 친밀감을 줄 수 있지만 청빙 설교에서는 장애가 될 수 있다. 아는 사이에서 약간의 농담은 분위기를 밝게 하지만 모르는 사이에서는 무례가 될 수 있다. 과도한 긴장감을 풀기 위해 서론에서 유머를 사용했다가 청중의 호응을 얻지 못하면 설교 분위기가 처음부터 어색해질 수 있다. 따라서 청빙 설교에서 설교자는 평소대로 하면 안 된다.

둘째, 청중은 평가하는 입장에 있다.

이것은 청빙 설교만이 가지고 있는 특징이다. 평소에 성도들은 겸손한 마음으로 목사의 설교를 듣지만 청빙 설교는 전혀 그렇지 않다. 성도의 입장에서 생각해보라. 적어도 앞으로 10여 년간 이 후보자의 설교를 들을지 말지를 결정해야 하는 상황에 있다. 청빙 설교에서 청중이 평가자의 입장에 있음을 고려할 뿐 아니라 그런 상황에 있는 청중을 존중해야 한다. 청중에게 명령조로 설교하거나 성경 구절을 자주 찾게 하거나 아멘을 계속 유도하는 식은 삼가는 것이 좋다. 설교자와 청중 간에 유대 관계가 전혀 없는 상태에서 이런 요구들은 자칫 짜증을 일으킬 수 있다.

셋째, 설교자 자신이 직접 청중의 입장에 서보아야 한다.
설교에 자신 있는 사람이 꼭 스스로에게 해야 할 질문이 있다. "나는 설교를 들은 후 그 설교자를 우리 교회의 목사로 청빙할 수 있는가?" 이 질문만 진지하게 해도 어떤 설교 본문을 선택할지, 어떤 내용을 설교할지, 어떤 태도로 설교를 할지 답이 나올 것이다. 청빙 설교를 준비하는 동안에도 스스로 "나는 어떤 목사를 원하는가?"를 질문해야 한다. 청빙 설교에서 청중은 설교의 내용을 귀담아 듣지만 설교자의 태도 또한 그에 못지않게 유심히 관찰한다.

넷째, 청빙 설교에서 청중은 설교 내용보다 목사 개인에게 더 관심을 갖는다.
따라서 설교할 때 자신이 어떠한 사람인지 자연스럽게 소개할 필요가 있다. 물론 자랑하라는 말이 아니다. 그것은 오히려 마이너스 요소가 된다. 평소에는 설교의 적용이 성도를 향하지만, 청빙 설교에서는 적용이 목사 자신을 향해야 한다.

예문) 오늘 본문은 예수님이 제자들을 어떻게 섬기셨는지를 잘 보여주고 있습니다. 이는 무엇보다 성도들을 섬겨야 하는 목사들을 향한 말씀입니다. 오늘날 곤경에 처한 대부분의 교회들을 보면 그 교회 목사에게서 섬김을 찾아볼 수 없기 때문입니다. 이런 섬김만 회복해도 교회는 큰 평화를 누릴 것입니다.

청빙 설교에서 "나는 이런 목사입니다" 혹은 "이런 비전을 가지고 있습니다" 하는 식으로 자신을 직접 소개할 필요는 없다. "본문에 따르면 오늘날 한국 교회에는 이런 목사가 필요합니다" 하는 정도로 표현해도 충분하다. 설교를 듣는 이들은 설교자가 앞으로 청빙을 받으면 어떤 목회를 할 것인지 간접적으로 충분히 알 수 있다.

다섯째, 서론에서 교회에 대한 사랑이 느껴져야 한다.

예문) 청빙 설교문을 완성한 다음에 다시 읽어보니 마음에 들지 않았습니다. 그 이유를 곰곰이 생각해보았습니다. ○○교회가 어떤 교회인지 전혀 알지 못하는 것이 가장 큰 이유였습니다. 그래서 시간을 내서 지난 금요일 오후에 ○○교회 주변을 둘러보았습니다.

근처에 작은 카페가 있더군요. 그 카페에서 설교문을 묵상하면서 커피를 마시다가 우연히 옆자리에 앉은 청년과 이야기를 나누게 되었습니다. 알고 보니 예전에 교회를 열심히 다닌 친구였습니다. 이런저런 이야기를 하면서 그 친구가 교회를 떠난 가장 큰 이유가 목사에 대한 실망임을 알게 되었습니다. 청년들의 작은 목소리를 놓치면, 한 세대 안에 교회가 무너질 수도 있겠다는 위기감을 크게 느꼈습니다.

여섯째, 청빙 설교의 본론은 임팩트가 있어야 한다.
설교를 들은 후 청중의 머릿속에는 강한 인상과 여운이 남아야 한다. 임팩트(impact)는 충격과 다르다. 뭔가 새로운 것을 가르치기보다 이미 알고 있는 것을 새로운 시각으로 전달할 때 청중에게 강한 인상을 남길 수 있다.

여리고성을 예로 들어보자. 여리고성이 무너진 이야기를 모르는 성도들은 거의 없을 것이다. 하지만 여리고성이 무너지고 난 다음의 이야기는 거의 알려져 있지 않다. 여리고 전투를 마치고 나서 여호수아가 저주로 맹세하면서 "누구든지 일어나서 이 여리고성을 건축하는 자는 여호와 앞에서 저주를 받을 것"(수 6:26)이라고 예언했다. 이 예언은 아합 시대에 벧엘 사람 히엘을 통해 성취되었다(왕상 16장). 이 본문을 가지고 여리고성을 다시 세우는 것이 왜 그토록 악한 일인지, 하나님의 교회를 세우기 위해서는 무엇이 필요한지를 잘 설명하면 훌륭한 청빙 설교가 될 것이다.

일곱째, 결론에는 진한 감동이 있어야 한다.
감동은 목사의 탁월한 주해 지식이나 말솜씨에서 나오지 않는다. 감동은 그의 헌신적인 삶에서 흘러나온다. 앞에서 강조했듯이 설교의 내용을 다 전한 후 그 내용을 자신에게 어떻게 적용했는지, 그리고 적용했을 때 하나님께서 어떤 은혜를 주셨는지 이야기하면 청중은 감동받을 것이다.

예문) 오늘 세족식 본문에서 우리 주님은 목사의 자질에 꼭 필요한 것이 섬김임을 알려주셨습니다. 저는 이 말씀을 깊이 깨닫고 기도하는 가운데 하나님께 질문했습니다. "하나님, 이 시대에 필요한 섬김은 도대체 어떤 것입니까?" 그때 하나님께서 이런 깨달음을 주셨습니다. "청년들의 말을 들어주는 것이다." 그날 저녁 가정예배를 드리면서 저는 자녀들과 솔직하게 교회에 대해 깊은 이야기를 나누었습니다. 덕분에 정말 중요하지만 몰랐던 사실들을 많이 깨달았고 회개했습니다.

성도들에게 어떻게 감동을 줄지 고민해보라. 청빙받을 교회의 지역을 살펴보고 그들과 대화를 해보라. 그들의 고민을 듣고 그들을 위해 간절히 기도하라. 그러면 하나님께서 그들에게 전할 메시지를 주실 것이다.

설교는 생각보다 쉽게 늘지 않는다

초판 1쇄 • 2023년 2월 25일

지은이 • 이성호
펴낸이 • 신은철
펴낸곳 • 좋은씨앗
출판등록 • 제4-385호(1999. 12. 21)
주소 • 서울시 서초구 바우뫼로 156, 402호
영업부 • TEL (02)2057-3041 FAX (02)2057-3042
대표메일 • good-seed21@hanmail.net
홈페이지 • www.gsbooks.org
페이스북 • www.facebook.com/goodseedbook

ISBN 978-89-5874-384-2   03230

ⓒ 이성호 2023

이 책의 저작권은 저자 및 저자와 독점계약한 도서출판 좋은씨앗에 있습니다.
신저작권법에 의하여 보호받는 저작물이므로 무단 전재와 무단 복제를 금합니다.